灿烂敦煌

樊锦诗　赵声良——著

浙江文艺出版社
Zhejiang Literature & Art Publishing House

图书在版编目(CIP)数据

灿烂敦煌 / 樊锦诗,赵声良著. —杭州:浙江文艺出版社,2023.5(2024.11重印)
ISBN 978-7-5339-7176-2

Ⅰ.①灿… Ⅱ.①樊… ②赵… Ⅲ.①敦煌学 – 艺术 – 通俗读物 Ⅳ.①K870.6

中国国家版本馆CIP数据核字(2023)第035779号

统　　筹　王晓乐　　　　　　装帧设计　胡　川
特约编辑　俞玲芝　　　　　　责任校对　陈　玲
责任编辑　丁　辉　　　　　　责任印制　张丽敏
美术编辑　沈路纲　　　　　　数字编辑　姜梦冉　诸婧琦
营销编辑　张恩惠　詹雯婷

灿烂敦煌

樊锦诗　赵声良　著

出　　版　浙江文艺出版社
地　　址　杭州市环城北路177号
邮　　编　310003
电　　话　0571-85176953(总编办)
　　　　　0571-85152727(市场部)
制　　版　浙江新华图文制作有限公司
印　　刷　浙江新华数码印务有限公司
开　　本　880毫米×1230毫米　1/32
字　　数　165千字
印　　张　7.75
插　　页　4
版　　次　2023年5月第1版
印　　次　2024年11月第5次印刷
书　　号　ISBN 978-7-5339-7176-2
定　　价　78.00元

序　言

　　敦煌文化遗产包括三个方面的内容：一是敦煌地区的古代文化遗存，如汉代长城、汉简、各时代的出土文物等；二是以莫高窟为代表，包括西千佛洞、榆林窟等处的石窟；三是莫高窟藏经洞出土的数万件文物。由这些文化遗产反映出的古代敦煌文化，以其历史悠久、资源丰厚、艺术精湛、信息巨量而享誉世界，是中华优秀传统文化的集中代表。其中敦煌石窟艺术尤其受到世人的关注。一百多年来，随着敦煌文化在国内外产生了重大的影响，一门国际性的学科——敦煌学形成了。也因敦煌学的发展，敦煌文化在世界范围内产生了深远的影响。

　　敦煌石窟艺术以中华传统文化为基础，以丝绸之路为纽带，以开放的姿态，广泛地吸纳了多种文化，从而形成了它博大精深的内涵。在敦煌的彩塑中，我们可以看到源自印度本土或中亚，乃至古希腊的雕塑风格，也可以看到中国风格的雕塑。敦煌的壁画也是如此，既有来自印度和中亚的绘画技法与风格，也有来自中原以及中国南方的艺术风格。从壁画中所描绘的人物、服装、装饰、器具等方面，还可以考察古代印度文化、波斯文化、古希腊罗马文化等方面的影响。隋唐以后，中国佛教艺术在接受外来佛教艺术影响之后，以中国传统思想和中国式的艺术表现手法进行了改造和创新，发展到了一个高峰，成为中华民族文化艺术的重要组成部分。

2019年8月19日，习近平总书记亲临莫高窟视察，并在敦煌研究院主持召开座谈会，发表了重要讲话。他指出，"中华文明以海纳百川、开放包容的广阔胸襟，不断吸收借鉴域外优秀文明成果，造就了独具特色的敦煌文化和丝路精神"，"敦煌文化展示了中华民族的文化自信"，并强调要推动敦煌文化研究服务共建"一带一路"。我们今天认识和研究敦煌文化，就应该沿着这个方向，从敦煌文化中探索中华文化的精神、中华民族的气度，继承和发扬敦煌文化这种海纳百川的优良传统，在广泛吸收外来文化的同时，不断丰富自己，创造有中国特色、中国气派的社会主义新文化。

敦煌艺术自古以来就是贴近人民大众的艺术，古代画家的灵感来自生活，壁画中表现的虽然是想象中的佛国世界，但其人物、山水、建筑及各类生活场景，却是那个时代人间生活的写照。我们撰写本书，正是希望传承敦煌文化这种贴近人民的精神，以平易通俗的文字，概要地把敦煌文化艺术向普通读者讲解出来。希望给读者展示出的不仅仅是博大的、神圣的、艺术的敦煌，而且也是有趣的、可爱的、可亲近的敦煌。希望有更多的读者从敦煌文化中获得知识、获得灵感、获得愉悦，从中体会中华传统文化的博大精深。

赵声良

2023年2月于敦煌莫高窟

目录

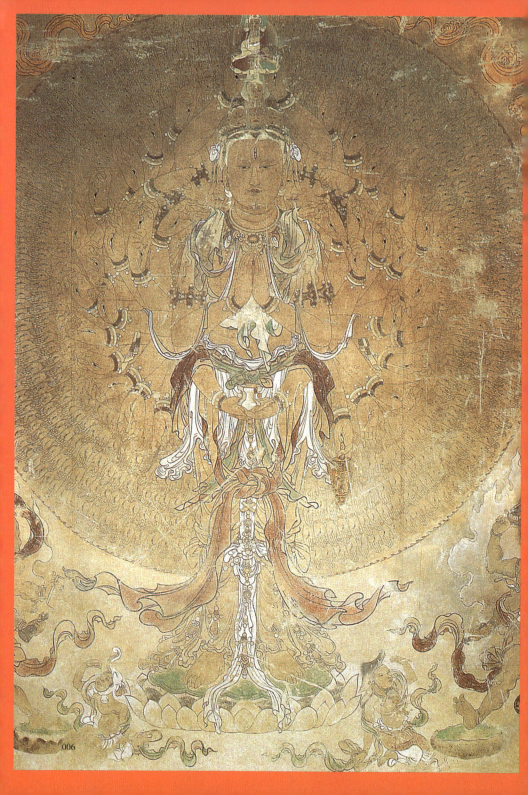

1 敦煌的历史与文化

丝路重镇——敦煌

敦煌位于中国甘肃省西部，河西走廊的最西端，西面是与塔克拉玛干大沙漠相接的库穆塔格沙漠，北面是戈壁，南面是祁连山脉。

祁连山终年积雪，冰雪融化时，便形成了许多小河。在三危山和鸣沙山之间就有一条这样的小河。也许是这条河历经曲折，当地的人就把它称作宕泉；后来叫讹了，就叫成了大泉。宕泉从山中流出，在接近敦煌的地方消失在沙漠中。宕泉下游地势分成了两部分：东面是三危山，山石坚硬，道路崎岖；西侧是由沙漠形成的鸣沙山，山势平缓，常有流沙。

公元366年的一天，一个叫乐僔的和尚从中原云游到了敦煌。他见城东南地势开阔，便信步来到宕泉河畔的一处高地，面对三危山参禅入定。当他睁开眼睛时，忽见对面的三危山上出现了万道金光，在金光中仿佛有千佛化现而出。虽说是转瞬即逝的光景，却使乐僔感到十分奇异，他想这一定是虔诚修行得到的感应，于是决定在这里住下来修行。他请来工匠，在宕泉西岸的岩壁上开凿了一个石窟，

○ 三危山

用于坐禅修行。不久，一个叫法良的和尚也从东方来到这里，在乐僔的禅窟旁又开凿了一个石窟。此后，石窟开凿得越来越多，有的是和尚们坐禅用的禅窟，更多的是世俗的人用来礼拜的洞窟。

到了唐代，石窟已达1000多座，于是这一片石窟被称为"莫高窟"，也叫千佛洞。

以上的故事，来自唐代一块石碑的记录。

敦煌作为中国西部的一个小城市，在1000多年以前形成了规模巨大的石窟群，创造了丰富而精湛的壁画、彩塑艺术。如果没有雄厚的文化基础，这一切都是不可想象的。要了解敦煌石窟艺术，就不能不对敦煌的历史作一番考察。

据考古研究，敦煌的历史可以上溯到4000年前的夏代。《左传·昭公九年》记载："允姓之戎，居于瓜州。"这个瓜州可能就是现在的敦煌。据《史记》记载，战国至秦朝时期，瓜州一带住着塞种人、乌孙人和月氏人。塞种人就是《左传》记载的"允姓之戎"的后代。后来月氏人逐渐强大起来，打败了乌孙，又把塞种人赶到了帕米尔一带。

西汉初年，居住在蒙古高原的匈奴强大起来，发兵征服了月氏，将大部分月氏人迁移到了中亚的阿姆河流域，称为大月氏；而另一部分仍居住在祁连山一带，称作小月氏。在此期间，汉高祖曾与匈奴争战，结果大败，不得不采取和亲的办法，或以金银布帛来换取边境的安宁。这样过了六七十年，到了汉武帝的时代，汉朝有了足够的物质基础，就改变了对匈奴的和亲政策，采取了抗击匈奴的战略。为了联合曾被匈奴打败的大月氏夹击匈奴，汉武帝两次派遣张骞出使西域。

公元前138年，张骞第一次出使西域。但经过河西走廊时就被匈奴俘获，拘留了10多年才伺机逃走。他继续西进，历尽艰辛到达了大月氏，而此时的大月氏已居住在中亚水草丰茂的地方，生活富足，无意东归。张骞虽然没有达到目的，但他对西域的地理、物产和民族风俗习惯都做了仔细的调查，为汉武帝打通丝绸之路提供了重要的资料。

就在张骞出使西域的同时，汉武帝对匈奴进行了一系列军事打击，占领了河西走廊，于公元前121年设置了酒泉、武威两郡。公元前111年又从两郡中分出张掖、敦煌两郡，历史上称为"河西四郡"，敦煌之名才得以问世。敦煌位于河西走廊的最西端，战略位置极为重要，所以，汉朝在敦煌城西设立了阳关和玉门关，敦煌郡便成了中国西面的门户。

公元前119年至前115年，张骞第二次出使西域，与乌孙国建立

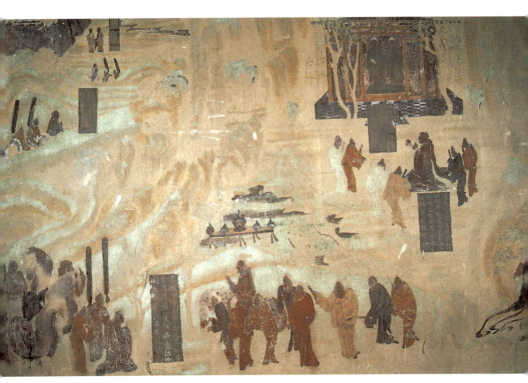

○ 张骞出使西域图 第323窟 初唐

了友好关系，他的副使又分别访问了大宛（今乌兹别克斯坦费尔干纳盆地）、康居（今中亚巴尔喀什湖与咸海之间的地区）、大月氏（今阿富汗境内）、大夏（今阿富汗北部兴都库什山与阿姆河上游之间）等国。随着汉朝政治与经济的发展，朝廷不断向西域诸国派遣使节，中国与安息（即波斯，今伊朗）、奄蔡（今咸海、里海一带）、条支（今叙利亚和伊拉克一带）、身毒（今印度）等国有了经济文化的交流。西汉的丝织品、麻织品、漆器、铁器等先进的手工业品不断地输出到西域各国，而外国的葡萄、石榴、胡萝卜、橄榄等土特产及琉璃、西海布（呢绒）等手工业品也传入了中国。由西汉首都长安经河西走廊而通向中亚、西亚的这条交通要道，被中外历史学家称作"丝绸之路"。它是世界上最早的联结东西经济文化的国际交流通道。

一般来说，丝绸之路包括三条，除了上述的一条外，还有北方的草原之路（即经蒙古草原和西伯利亚而达中亚、西亚及欧洲），以

○ 丝绸之路示意图

及南方的海上丝绸之路。草原的丝绸之路虽说也可到达西方国家，但由于路途较远，且沿途极少有城市，不利于商贸往来；海上丝绸之路产生较晚，随着航海技术的提高而在宋代以后才发展繁荣起来。因此，没有特别说明时，丝绸之路通常是指陆上的丝绸之路。

西汉时期的丝绸之路路线为：由长安或洛阳出发，经河西走廊而到敦煌，出敦煌城西的阳关和玉门关后，沿沙漠两侧分为南北两道，南道从敦煌经楼兰、于阗、莎车等地，越葱岭到大月氏、安息，再往西可达条支、大秦（古罗马帝国，今地中海沿岸）。北道从敦煌经车师前王庭（今吐鲁番）、龟兹（今库车）、疏勒（今喀什）等而越葱岭，到大宛、康居，再往西南经安息，达大秦。两汉以后，在南北两道以北，又辟新道，从而形成了敦煌以西分三道的路线，但无论怎样变化，丝绸之路都要经过敦煌。

随着丝绸之路的不断繁荣，敦煌这个地处丝绸之路要道的小小绿洲在文化经济上取得了飞速发展。汉王朝在敦煌长期屯田，向敦煌移民，在开发西部的同时，也带去了先进的生产技术和文化；再加上历代地方官又注重水利建设工程，至西汉末年，敦煌管辖六县（敦煌、冥安、效谷、渊泉、广至、龙勒），人口达3.8万多人，生活富足，社会稳定，成为"华戎所交一都会也"。

在农业和商业经济发展的同时，敦煌地方文化快速发展。

东汉末年，名将张奂（敦煌郡渊泉人）拒绝董卓的征辟，隐居乡里，在敦煌收弟子千人，并著《尚书记难》等书。他的儿子张芝长于草书。据说张芝学书十分刻苦，"临池学书，池水尽墨"，后人

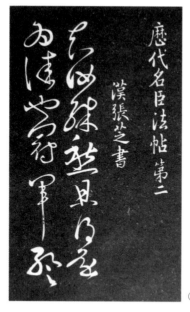

○ 汉代张芝书法

将他与钟繇并举，称为"钟张"。王羲之的书法也受他的影响。张芝姐姐的孙子索靖，在书法上也受到了张芝的影响，长于章草。对此，唐代的《书断》如此评价："精熟之极，索不及张；妙有余姿，张不及索。"黄庭坚称赞索靖"笔短意长，诚不可及"。张芝和索靖对中国早期书法的发展都产生过重要影响。

　　三国至两晋时期，中原战乱不休，敦煌一地却在安定的气氛中继续发展着传统文化。史书上有名的"硕德名儒"，如宋纤、索袭、郭瑀等，大多在此隐居讲学，授徒数百至千人。由于敦煌一地儒学兴盛，也吸引了中原的学者来到敦煌讲学。《晋书·祁嘉传》记载了儒生祁嘉西至敦煌，最初因贫穷缺衣少食，后博通经史，终于成为名儒而在各地游学，教授学生百余人。

西晋末年，晋王朝退守东南，北方大部分地区由一些少数民族建立的独立政权占据，前前后后共出现了十六个国家，史称"十六国"。河西一带经历了前凉、后凉、南凉、北凉、西凉，史称"五凉"。其中西凉政权是建立在敦煌的汉族政权，标志着早期敦煌政治文化发展的一个高峰。

公元400年，汉将军李广的第十六代孙——敦煌太守李暠以敦煌为首都建立了西凉王国。他深受儒家文化的熏陶，颇有政治才干。在建立西凉以后，李暠礼贤下士，广招英杰，又立州学与县学，兴办教育。当时一些名儒都纷纷投靠他，如历史地理学家阚骃、宋繇，教育家刘昞等都来到了敦煌。李暠又是一个文学家，他曾作《述志赋》《槐树赋》《大酒客赋》等作品。西凉强大的时期，控制了西到高昌（今吐鲁番）、东至建康（今甘肃金塔县）的地区，设敦煌、高昌等11个郡，辖28个县。《晋书》上说西凉是"郡大众殷，制御西域，管辖万里"。然而没有几年，西凉就遭到北凉的侵扰，405年，迁都酒泉，并采取一系列有力的措施，遏制北凉的侵略。417年，李暠去世，李歆继位。李歆刚愎自用，好大喜功，连年对外用兵，最终于420年败于北凉，酒泉失守，李歆被杀。其弟李恂不得不带兵逃到敦煌坚守，北凉王沮渠蒙逊攻城数月不下，后来利用党河水灌城。421年，敦煌陷落，李恂自杀。沮渠蒙逊在敦煌进行了残酷的大屠杀。从此，敦煌元气大伤，一片萧条。

佛教的传播与石窟的营建

佛教的创始人是乔达摩·悉达多（约前563—约前483年），他出生于古印度迦毗罗卫国（约在今印度、尼泊尔边境地区），本是净饭王的太子。但宫中的生活不能使他愉快，他一直思索着人生的意义。由于苦思不得其解，便决定出家修行，在树林中苦修了六年。据说后来在菩提树下他一下子大彻大悟了，从此开始传道说法。人们尊称他为释迦牟尼，意思是释迦族的圣人。他不断弘法，倡导和平慈爱、自我牺牲、克制欲念、禁戒残暴、诚信无私，反对种姓制度，主张人人平等。释迦牟尼与中国的孔子大致生活在同一时期，那个时候，印度存在许多小国，即使在释迦牟尼死后很久，佛教势力仍不太强大。

公元前3世纪左右，孔雀王朝的阿育王统一印度。阿育王十分崇信佛教，大力支持佛教的发展，据说他曾建造八万四千座佛塔。这一时期佛教得到了空前的发展，在全印度都有佛教僧伽组织，同时佛教在中亚以及中国的影响力也大大加强了。

公元前1世纪时，佛教经中亚传入了我国的于阗一带。史载汉武帝攻打匈奴的时候，曾缴获匈奴的"祭天金人"，很多人认为这个"祭天金人"就是佛像。如果真是这样，就说明那时的匈奴人已经信仰佛教了。史载永平十年（67年），汉明帝曾派遣蔡愔等人到西域迎接高僧摄摩腾、竺法兰到京都讲佛法；次年，于洛阳城建立白马寺，作为高僧们宣弘佛法之地。白马寺就是正史上记载的中国最早的寺庙。佛教初传中国时，受到了儒家思想和道家思想的强烈抵制，因此佛教与儒、道之争一直持续了很长时间。然而北方的少数民族没有太强烈的儒家思想观念，佛教信仰很快就流行开了。所以在东晋十六国时期，北方佛教石窟如雨后春笋般发展起来。

这一时期，著名高僧鸠摩罗什就长时期在凉州传教。鸠摩罗什出生于龟兹，从小就出家当了和尚，受过严格的教育。9岁时，他随母亲到罽宾（今克什米尔一带），拜名僧盘头达多为师，渐渐显露出才华。12岁回疏勒时，已较有名气。后来，龟兹王亲自到疏勒迎接他到龟兹新寺讲经。那时，西域诸王每听罗什讲经，都要长跪座侧，让罗什踩背而登座。鸠摩罗什的名声传到了中原，前秦王苻坚十分仰慕，决定把他请到长安，于是派大将军吕光伐龟兹。他对吕光说："其实我并不是想要龟兹的领土，而是为了得到鸠摩罗什，贤哲之人乃国家之宝，你们只要得到鸠摩罗什，就马上通过驿站给我送来。"383年，吕光击败龟兹，得到鸠摩罗什和2万多峰骆驼，全胜而归。可是当他回到凉州时，却传来了苻坚在淝水之战中兵败的消息，于是便不再东进，于386年在姑臧（今武威市凉州区）建立了后凉政权，鸠摩罗什也不得不留在姑臧。吕光并不信佛教，因此也不重视鸠摩罗什。然而，当时已建立了后秦的姚苌想请鸠摩罗什到关中去，吕光却加以阻挠，使他未能成行。直到姚苌之子姚兴继承王位，于401年派兵打败了后凉之主吕隆，鸠摩罗什才得以入关。姚兴待罗什以国师之礼，让他在长安的西明阁及逍遥园讲经和译经。鸠摩罗什于409年逝世，他在晚年除了讲授佛经外，还十分勤奋地翻译佛经，共译经74部384卷，并有弟子3000人，对于佛学在中国的发展作出了杰出的贡献。

十六国时期，佛教在中国北方发展到了一个高峰，统治者不仅大力提倡佛教，而且还不惜耗费巨资，在全国各地兴建寺院、开凿石窟。当时的河西一带也开凿了大量石窟寺，现在所知最早有明确纪年的石窟是甘肃省永靖县的炳灵寺石窟，建于西秦建弘元年（420年）。北凉王沮渠蒙逊十分崇信佛教，在他统治期间，于凉州城（今武威市）东南的天梯山开凿了石窟，称为"凉州石窟"。与此同时，张掖附近的金塔寺石窟、马蹄寺石窟，酒泉附近的文殊山石窟也相继开凿，而以上几处石窟都在古代凉州境内，有人认为它们都属于凉州石窟的范畴。366年，敦煌开始了石窟的开凿。后来北凉为北魏所灭，北魏把凉州的大部分僧人接到首都平城（今山西省大同市），这些凉州僧人成了北魏初期佛教的主导者，著名的凉州高僧昙曜还主持开凿了云冈石窟，可见凉州佛教的深厚影响力。

敦煌与西域接近，是我国最早接触佛教的地方。在佛教传入初期，来往于西域和中原之间的中外高僧们常常在敦煌讲经说法，或作短暂停留，直接或间接地影响着敦煌一地的佛教发展。北凉灭西凉以后，罽宾僧人昙摩蜜多就从龟兹来到敦煌，修建了严净的寺院，当时佛教的传播也许会使深受战争创伤的敦煌人民得到精神上的慰藉吧。北魏后，佛教在敦煌快速发展，一些有名的高僧出自敦煌，

○ 炳灵寺石窟佛像

○ 金塔寺石窟佛像

寺院与石窟的开凿也十分盛行。佛教的繁荣,使敦煌成为一个颇有影响的佛教都会。

《魏书》就记载了敦煌地区佛教僧人与当地人民相交融,村坞中也多有塔寺的情况。魏正始年间(240—249年),月氏人竺法护在敦煌出家。晋武帝时,他随师游历西域诸国,带回了许多佛经。在敦煌期间,他从罽宾文人和龟兹使节处得到了一些梵文佛经,在敦煌、长安、洛阳等地翻译、传播。法护的名声越来越大,当时跟随他的僧徒就有1000多名。因他世居敦煌,所以人们称他为"敦煌菩萨"。法护的弟子竺法乘早年跟随他在长安、洛阳笔录译文。后来,法乘回到敦煌，兴建寺庙，为大众说法。史书记载他"忘身为道，诲而不倦"，在敦煌一带的影响甚至超过了法护。此外，敦煌人于法兰、于道邃也是著名的高僧，他们曾与竺法护在长安山寺隐居。敦煌人宋云自幼出家，后来到北魏东都洛阳。516年，胡太后派他和慧生一道去西域取经。他们从青海到鄯善，历尽艰辛，由塔什库尔干进入阿富汗，然后转道巴基斯坦，参观了许多佛教名胜。他们向当地国王介绍了中国的周公、孔子、老子等人物。他们的事迹在巴基斯坦流传很广，至今许多普通的巴基斯坦人还能说出这一段友好交往的故事。宋云和慧生都写过游记，可惜已经失传了。

在这样的气氛中，产生了本书开头所记的那个故事，内地的高僧来到敦煌开凿洞窟修行。佛教的僧侣们不仅要在城里兴建寺院，为了更好地修行，他们还要到远离城市的地方开凿石窟，进行禅修。莫高窟最早开凿的石窟就是僧人们修行所用的禅窟。窟室很矮小，仅够一个人在里面打坐。有人推测，现存第268窟可能就是乐僔所建的洞窟。这是一个高1.5米左右的小型洞窟，中央是一条宽不足1米的过道，过道两旁各有两个仅能容身的禅室，大约就是修禅的地方。

但仅仅有禅窟是不够的，和尚们除了个人的修行外，还要举行一些仪式，进行礼拜活动，于是另一种类型的洞窟——礼拜窟就产生了。礼拜窟往往窟室很宽敞，能容纳较多的人；正面塑出高大的佛像，墙壁上还要画出很多与佛教相关的壁画。第275窟就是具有礼拜性质的石窟，正面是一个高达3.35米的弥勒菩萨像，两侧的壁画分别是有关释迦牟尼生平的佛传故事和释迦牟尼前世传说的本生故

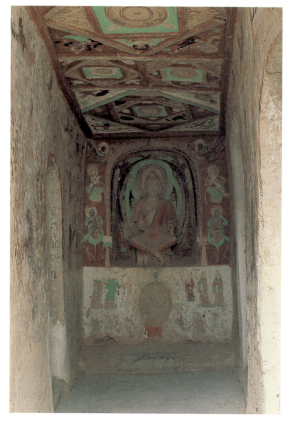

○ 第268窟内景
北凉

事。这样的故事画在龟兹地区石窟中是十分流行的。早期敦煌佛教
与西域有着密切联系，龟兹风格也自然影响到了敦煌壁画。浓厚的
西域风格是早期敦煌石窟艺术的特点。北魏以后流行的礼拜窟主要
是中心塔柱窟。

公元420—589年间，中国分裂为南北两部分，南方由汉民族政
权占据，经历了宋、齐、梁、陈四个朝代。北方先由少数民族拓跋

○ 第275窟内景 北凉

氏建立的北魏占据，后来北魏分裂成东魏、西魏，东魏与西魏又分别被北齐与北周所取代。敦煌则经历了北魏、西魏、北周三个时期。

公元442年，北魏击败了北凉沮渠氏在敦煌的余部，李暠的孙子李宝乘机从伊吾打回敦煌，并奉表归降于北魏，于是北魏任命李宝之弟怀达为敦煌太守，授予李宝使持节、侍中、镇西大将军等职。三年后，又征李宝入朝，设敦煌镇。当时敦煌几经战乱，经济十分萧条，而且北方的柔然、南方的吐谷浑时常威胁着处于边境的敦煌，北魏朝廷曾打算放弃敦煌。直到5世纪末，北魏击破柔然，敦煌才算

○ 第285窟内景
　西魏

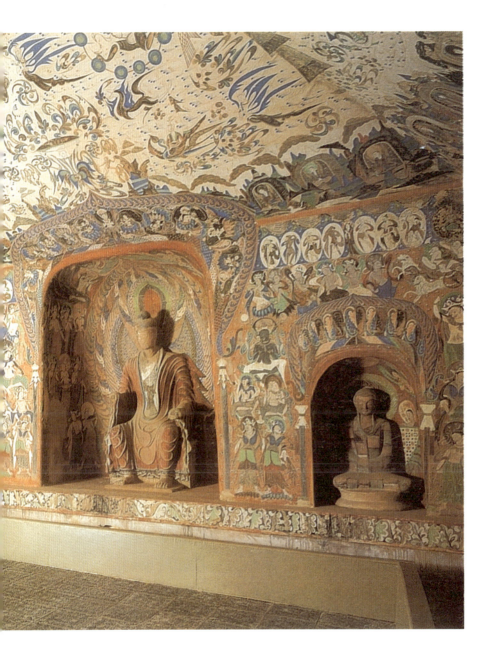

安宁下来。孝昌年间，北魏改敦煌镇为瓜州，并委派魏明元帝的四世孙元荣出任瓜州刺史，这可能是敦煌历史上第一次由宗室来担任地方官，无疑给敦煌文化的再度繁荣带来了契机。由于元荣崇信佛教，在敦煌大兴佛寺与石窟，莫高窟的营建在这一时期进入高潮。莫高窟第285窟有大统四年（538年）、五年（539年）的题记，正好是元荣任期内所作的，从这个洞窟的内容及艺术上可以看出明显的中原风格特征。莫高窟的碑文也记载元荣曾开一个大窟，虽说不一定是第285窟，但崇信佛教的元荣从中原来到敦煌，必然带来了一批开窟造像和绘制壁画的工匠，他们对敦煌石窟艺术的发展自然会产生重要作用。

由北魏到西魏再到北周，这三个朝代的更替，在敦煌都没有发生过大的战争，只不过由中原朝廷新派官员来驻守敦煌，因此，这100多年是敦煌政治安定的时期。北周政权在与东面的北齐，南方的梁、陈对峙的情况下，十分注重与西域少数民族政权的友好关系，北周静帝还把千金公主嫁给突厥可汗沙钵略为妻，以和亲的办法赢得了西部的安宁。当时，西域的于阗、鄯善、龟兹等国都先后派使者与北周通好。这样，处于丝路要道的敦煌，不论是经济还是文化都能得到交流与促进，进入了十分活跃的时期。北周时期，建平公于义为瓜州刺史时，也兴建了一座大洞窟。在他的带动下，当时佛教石窟的开凿也很兴盛。于是，在北朝统治者的倡导和佛教僧侣们的努力下，敦煌便成为一个佛教的都会，之后的敦煌文化史几乎都与佛教有关。

盛世敦煌

　　隋朝开国皇帝——隋文帝杨坚本是北周的大臣，他迫使北周静帝让位于他，然后逐步统一了中国。所以对于包括敦煌在内的北方大部分地区来说，从北周到隋代并没有经历什么战乱。

　　隋朝对于敦煌和河西地区的最大影响，体现在两个方面。第一，隋朝在经济高度发展的同时，十分注重同西域的交往，大业三年（607年），隋炀帝派遣杜行满等人出使西域；同时又派黄门侍郎裴矩驻于张掖，往来于武威、张掖、敦煌间，主持西域各民族和西方各国之间的联络、贸易及交通等事宜。裴矩亲自到敦煌等地考察，并利用与胡商接触的机会，了解西域的山川形势、风土人情及服章物产等，写出了《西域图记》一书，详细记录了丝绸之路从敦煌往西的三条道路，指出敦煌是其咽喉之地。此书虽然已佚，但其中的序言部分却保存了下来，成为我们了解当时丝绸之路的重要资料。第二，隋炀帝因《西域图记》对西域更感兴趣，便于大业五年（609年）西巡，五月合围吐谷浑于覆袁川，降者10余万人。六月到了张掖，在那里召见了西域27国的使节，下令当地的人民盛装观看，队伍长达数十里。虽说这是隋炀帝好大喜功、铺张浪费的做法，但也显示了隋王朝的强盛和河西的繁荣。而且，隋朝对西域的政策极大地促进了丝绸之路上的商业和文化交流，这一时期的敦煌壁画就表

○ 第244窟内景 隋代

现出许多富有西域特色的人物形象及服饰特征。

隋文帝幼年是在寺院里长大的，所以他一直对佛教十分崇信。他成为皇帝后，尊佛教为国教，于开皇二十年（600年）下诏要求保护各地的寺院及佛像，对破坏佛像者要处重罪。仁寿年间（601—604年），他又遣中使专程到瓜州崇教寺建舍利塔。当时的敦煌称为瓜州，而崇教寺就是莫高窟。由于皇帝的提倡与扶持，各地的佛教迅速地繁荣起来。在隋朝短短的37年间，敦煌莫高窟兴建洞窟达94座，而且有不少是大型洞窟，这在莫高窟营建的历史上非常突出。如果没有雄厚的物质基础，在短时期内兴建这样大规模的石窟是很难想象的。

隋朝末年，政治动乱。李轨于617年在武威独立，自称河西大凉王，占据了河西五郡之地。唐朝于开国的第二年（619年）消灭了李轨的势力，收复了河西。次年，瓜州刺史贺拔行威等反唐，两年后叛乱平息。不久又有动乱，经过了六七年，才逐渐安定下来。所以，贞观初年的西北边陲极不稳定，当时的政府禁止百姓出入西北边境。当年玄奘经河西到印度取经的时候，只好昼伏夜行，偷偷过了玉门关，经大沙漠而到达西域，其间经历了难以想象的艰难困苦。等玄奘于贞观十八年（644年）从印度回国时，边禁早已取消，丝绸之路已经畅通，唐太宗令敦煌太守出迎玄奘于沙漠之中。

由于唐朝平定了西突厥和龟兹，并设立了安西都护府，敦煌由西部边陲城市变为统领西域的后方基地，迎来了经济文化繁荣的高潮。唐代前期的敦煌统治者都十分重视农业经济，当时的《沙州图经》等文献记载，沙州刺史李无亏曾修"长城堰"，"百姓欢庆"。其后，他陆续修建了不少水渠，如宜秋渠、北府渠、孟授渠等。对此，边塞诗人岑参作《敦煌太守后庭歌》，颂曰：

> 敦煌太守才且贤，郡中无事高枕眠。
> 太守到来山出泉，黄沙碛里人种田。
> 敦煌耆旧鬓皓然，愿留太守更五年。

《资治通鉴》也记载，开元年间（713—741年），河西陇右已是富甲天下了。敦煌曲子词中有"男耕女桑不相失，百余年间未灾变"的歌词。当时的元宵灯会，号称"长安第一，敦煌第二，扬州第三"。

当时的敦煌是联结西域与中国内地商业贸易的中心，内地的丝绸、茶叶、陶瓷通过敦煌输往西域，而西域的畜产品及珍禽异兽等也由这里运往内地。历史文献中记载敦煌一地有许多少数民族及西

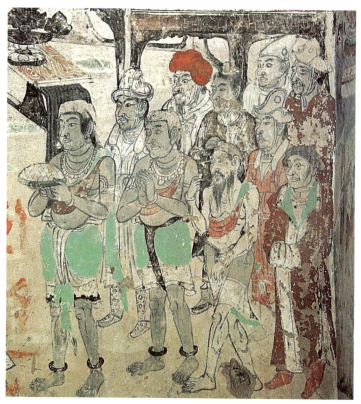

○ 外国王子图　第103窟东壁　唐代

域各国的商人活动，敦煌壁画中也能看到不少外国人的形象。

经济的繁荣促进了敦煌佛教文化的进一步发展，莫高窟的营建也进入了黄金时代。唐前期共建造洞窟140多个，特别引人注意的是大佛窟以及大型洞窟的建造多了起来，如开凿于武则天证圣元年（695年）的莫高窟第96窟，俗称大佛殿，内有高达35.5米的大佛；开凿于开元年间的第130窟，内有高26米的大佛；榆林窟第6窟也有高23米的大佛。开凿于大历十一年（776年）以前的第148窟，内塑长14.5米的涅槃佛像。这些规模宏大的洞窟，不仅耗资巨大，而且需要数年甚至数十年才能完成，仅此也说明了唐前期敦煌一地雄厚

○ 大佛 第130窟 唐代

○ 第148窟 卧佛 盛唐

的经济力量。

公元781年，敦煌进入了吐蕃时代。

吐蕃民族是藏族的祖先，自古以来就居住在我国的青藏高原。公元629年起，松赞干布逐步统一了西藏高原，633年，定都逻些（今拉萨），建立了统一的吐蕃政权。唐朝初年，吐蕃即与唐建立了亲密的关系。贞观十五年（641年），唐太宗将文成公主嫁给松赞干布。贞观二十三年（649年），唐封松赞干布为驸马都尉、西海郡王，唐蕃一直保持友好关系。然而松赞干布以后的赞普不断加强军备，逐渐向四川南部及西域、河陇地区扩张势力，终于在唐朝因安史之乱无暇顾及西部的情况下，一举占领了河西地区。

吐蕃统治时期，尽管在敦煌实行落后的部落制度，然而吐蕃民族笃信佛教，所以，这一时期不仅完成了一批唐前期未建完的洞窟，而且新开洞窟50多个，营造洞窟的规模不亚于唐前期。这一时期的大型洞窟有：第158窟，内塑长15米的涅槃佛像；第365窟，内塑七身佛像，称为七佛堂。吐蕃时代僧侣的地位很高，一些高僧甚至能参与政事，而当时的高僧中有不少都是汉僧，这也就决定了石窟艺术保持了唐前期以来的风格。只是在表现帝王的场面时，一般都要画出吐蕃赞普的形象，与中原式帝王形成分庭抗礼的态势。如第159窟、231窟的维摩诘经变中，就画有吐蕃赞普听法的场面。

吐蕃时代的佛教艺术继承了唐前期的传统风格，人物造型丰满，笔法流畅，但色彩已由华丽绚烂走向简淡。莫高窟第112窟、159窟、231窟以及榆林窟第25窟等是这一时期的代表性洞窟。

○ 榆林窟第25窟内景（复制）中唐

○ 张议潮（中间穿红袍者）出行图　第156窟南壁　晚唐

由极盛到衰微

公元842年，吐蕃政权发生内讧，势力大衰。

唐大中二年（848年），敦煌人张议潮率众起义，陆续收复伊、西、瓜、肃、甘、兰等十一州。后遣其兄张议谭奉河陇十一州地图簿籍归唐，唐王朝册封其为归义军节度使，统领河西十一州的军事行政。

张议潮起义不仅使敦煌及河西地区摆脱了吐蕃的残暴统治，而

且通过收复河陇，稳定了唐朝的西部疆域，并使丝绸之路复通，为
唐代后期国家的安定作出了巨大的贡献。张议潮受到敦煌人民的普
遍敬仰，敦煌变文中就有《张议潮变文》《张淮深变文》等热情歌颂
张议潮收复河西的词句。其中唱道：

河西沦落百余年，路阻萧关雁信稀。

赖得将军开旧路，一振雄名天下知。

张议潮于咸通八年（867年）入唐任右神武统军等职，封万户

侯，于872年在长安去世。此后，张议潮之侄张淮深任沙州刺史。直到914年，归义军政权一直为张氏后代所掌握。

在张氏统治的40多年时间内，莫高窟开凿活动依然不断，这一时期新开洞窟有70多个，并重修了不少前代的洞窟。其中一些世家豪族修建的洞窟引人注目，如张氏、索氏等修建的第156、196、12窟等。由于这些洞窟具有家庙的性质，是这个家族进行礼拜活动的场所，所以往往把这一家族从祖先到儿孙的形象都画在窟内，洞窟中供奉的佛像及壁画内容都按他们自己的信仰特点来制作。于是，从这些洞窟的供养人形象上，我们还可以了解到当时世家大族的某些历史情况。

如第156窟是张淮深为了纪念张议潮而开凿的石窟。此窟在洞窟的两侧壁绘制了规模宏大的《张议潮出行图》和《宋国夫人出行图》，开创了在敦煌石窟中描绘出行图的先例。这两幅表现世俗内容的壁画不仅展示了唐代一个地方节度使出行的显赫威仪，而且从其中的军队、乐舞、肩舆以及骑射、辎重驮运等形象中，可以考证当时的官制及各种民俗风貌，具有珍贵的历史价值。

公元914年后，曹议金接替张氏成为归义军节度使。曹氏政权费尽心机，维持这弹丸之地的归义军辖地竟达100多年。

曹氏吸取了张氏失败的教训，对周围的少数民族政权采取和亲的政策，以通婚的办法分别与回鹘和于阗交好。曹议金娶甘州回鹘可汗女为夫人，又嫁女给于阗国王。曹议金的后代也一直和回鹘、于阗维持着姻亲关系。对内也采取了联姻等手段，强化了敦煌世族

○ 宋国夫人出行图（局部） 第156窟北壁 晚唐

○ 宋国夫人出行图（局部）第156窟北壁 晚唐

○ 于阗国王供养像
　第98窟东壁
　五代

之间的关系，使敦煌的索、阴、翟、张等大姓联成一体。敦煌曲子
词"六番之结好如流，四塞之通欢似雨"，歌颂了曹议金的外交政策
带来的安定和民族间的交流。

　　曹氏还努力保持与中原王朝的联系，几经努力，终于在924年正
式受封归义军节度使、沙州刺史、检校司空等名衔。在当时虽说仅
具空名，但对于稳定沙州的政治却有着特别的意义。

○ 曹议金供养像
　榆林窟第16窟
　五代

　　曹氏政权也十分崇信佛教，在敦煌大量营造石窟，利用佛教信仰来稳定社会。敦煌的佛教信仰已有数百年的历史，寺院僧侣和大量的佛教信徒是一股不可忽视的社会力量，曹氏统治者充分利用佛教对人民的精神引领作用，大力倡导佛教，抄写佛经，开凿石窟。曹氏政权还模仿中原朝廷的宫廷画院制度而成立了画院。这一时期石窟的开凿和壁画的绘制，主要是由沙州画院的画工和匠人完成的。

曹氏时代的敦煌文化以佛教文化为主，这一时期莫高窟新开洞窟40多个，在榆林窟也开凿了20多个。此外还对前代的洞窟进行修补和重绘，这些重修的洞窟达280多个，占现存洞窟的60%以上。曹氏时代营建了不少大型洞窟，如第98、100、61、55窟等，进深都在10米以上。尽管曹氏不遗余力地营建洞窟，但这一时期的绘画着色单调、绘制简陋、创造力衰退，千篇一律的倾向很明显，表现出经济力量的衰弱以及文化上的封闭性。

敦煌的衰落

西夏是党项人（羌族的一支）建立的政权。唐时，党项族迁至今甘肃、宁夏一带，北宋初期渐渐扩张到河西一带。1036年，党项大军在肃州（今酒泉）与回鹘决战，回鹘大败，党项人攻陷了肃、瓜、沙三州，占领了河西地区。1038年，元昊称帝，以兴庆府（今银川）为都城，国号大夏。因地处黄河以西，历史上称其为西夏。

为争夺地盘，西夏前期与辽、北宋对峙，接着与金、南宋对峙。这一时期可能是中国历史上战争最多的年代。然而在与宋朝等先进文化王朝的征战中，西夏也促进了自身的文化建设。西夏建国后积极学习宋朝的先进文化与政治制度，并模仿汉字创造了西夏文字。晚期，西夏开始重视文化教育，模仿汉族，尊孔崇儒，兴办学校，还把大量的儒家经典和汉文佛经翻译成了西夏文。西夏统治者十分

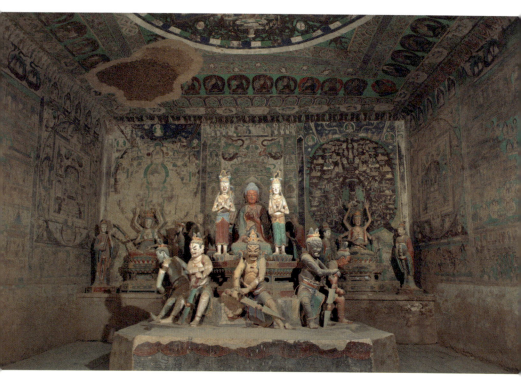

○ 榆林窟第3窟内景 西夏

崇信佛教，将佛教定为国教，规定一年的四个孟朔日为"圣节"。届时，境内的官民都要礼佛，并诵经祈福。同时在各地广建寺院和石窟，在敦煌也留下了大量新建或重修的洞窟。

西夏统治敦煌近200年，是敦煌历史上统治时间最长的少数民族政权。西夏时期的敦煌在文化上基本保持着曹氏以来的传统，从石窟艺术来看，只是在约12世纪末才出现了一些新的特点。如建于1193年的榆林窟第29窟，画出了不少西夏供养人，绘画风格与西夏

○ 供养像 榆林窟第29窟 西夏

前期完全不同。此外还出现了藏传佛教艺术风格的壁画，这是由于
西夏统治期间，接受了来自西藏萨迦派的佛教思想。从黑城出土的
佛教绘画中，也可以看出藏传佛教艺术风格的佛像占了大多数。在
敦煌石窟中同样出现了这一风格的壁画。

　　13世纪初，北方的蒙古强大起来，成吉思汗统一了漠北的部族，
建立了强大的部落联盟。1227年，蒙古军占领了敦煌，敦煌由此进
入了蒙古元时代。

○ 蒙古人供养像 榆林窟第6窟 元代

　　元朝的版图辽阔，四大汗国中有三个都须经敦煌而与中原联络，所以元朝统治者十分注重经营敦煌。1280年，元王朝升沙州为沙州路总管府，并采取屯田的办法发展农业经济。到14世纪时，敦煌已是经济发达的地区。1271年，马可·波罗经过河西时看到的敦煌是安定而富足的。

　　元朝统治者重视佛教，当时全国的寺院达4万余所。1244年，驻西凉的廓丹大王迎请西藏萨迦派法师萨迦班智达到西凉传法，他的侄儿八思巴随行。七年后，萨班去世。而当时的元世祖忽必烈仰慕萨班，想请他入朝，廓丹大王只得将八思巴推荐入朝。于是忽必烈请八思巴为国师，1269年还颁布了八思巴制定的蒙古新字。从此，藏传佛教流行于全国。1348年，西宁王速来蛮曾在敦煌重修皇庆寺（即莫高窟），促进了敦煌地区佛教的发展。不过敦煌石窟中现存的元代石窟不多，仅10余个，大多为密教内容。这可能是由于当时石窟的开凿已经不流行了，尤其是在藏传佛教影响下，寺院的作用更为重要。莫高窟中比较有代表性的元代洞窟为第3窟，洞窟主题是观音菩萨，壁画中以纯熟精湛的线描技法画出的千手千眼观音像，为敦煌晚期壁画艺术的代表之作。

明朝推翻元朝后，于永乐三年（1405年）设立了沙州卫。1447年以后，沙州卫并入罕东卫。此后，吐鲁番强大起来，时常侵扰敦煌一带。嘉靖三年（1524年），明朝政府放弃了包括敦煌在内的嘉峪关以外地区，封闭了嘉峪关，敦煌一带荒芜了近200年。直到清康熙五十四年（1715年）以后，嘉峪关渐次收复，雍正元年（1723年）于敦煌置沙州所，雍正三年（1725年）升为沙州卫，由内地迁移人口以充实敦煌，敦煌才渐渐恢复了生机。

明代以后的敦煌石窟艺术几乎是空白，清代虽然也对莫高窟、榆林窟做了很多修复工作，然而，由于文化传承的断裂、传统技艺的丧失，已无法与前代的任何时期相比。所以，一般来说，敦煌石窟的艺术史到元代便告结束。

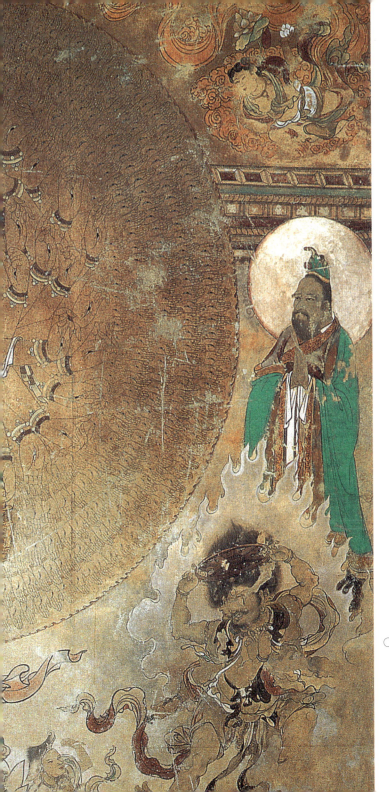

○ 千手千眼观音
　第3窟
　元代

2 藏经洞与敦煌学

○ 莫高窟外景

石室现宝

　　汉唐时期曾是中国西北重要文化与商业都市的敦煌，到了19世纪末，早已失去了昔日的荣光，人们也渐渐淡忘了像莫高窟这样的人类奇迹。那时，莫高窟前有三个小庙，依地势高低分别叫上寺、中寺和下寺。上寺和中寺住着几个喇嘛，下寺则住着一个叫王圆箓的道士。

　　王道士本是湖北麻城人，曾在肃州的巡防军中当过兵，退役以后，出家做了道士。后来云游到敦煌，居然在莫高窟前找到了托生之地。因为比起那几个不太会汉语的喇嘛来，王道士更容易与当地人接触。据说王道士颇为心诚，自己的生活过得十分俭朴，每次化

○ 王道士像

　　缘得到的银两大都用于修复洞窟和佛像等功德。由于数百年无人管理，莫高窟下层洞窟多被沙土所埋，王道士雇人不断为洞窟清扫沙土。

　　1900年6月22日，清沙的工人杨某在一洞窟甬道北侧的墙壁中发现有裂缝，他把这一发现告诉了王道士。深夜，王道士挖开了墙

○ 第17窟内景 晚唐

○ 藏经洞(第17窟)
晚唐

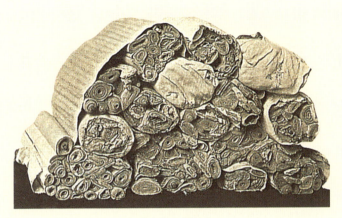

○ 藏经洞里的经卷

壁，发现里面是一个两米左右见方的洞窟（现编号17窟），借助微弱的烛光，他逐渐看清了里面，心不由得怦怦跳个不停。在这个不大的斗室里，竟然密密麻麻地堆放着成千上万的写卷。王道士从来没有见过这么多的古书，在这阴冷而散发着尘土气息的洞窟前，他一下子不知所措了。

　　据后人考察，这是个南北方向的洞窟，门在南面，北壁原有一身禅僧的塑像。从嵌在西壁上的碑文介绍来看，这是晚唐时期为纪念著名高僧洪辩而建的影窟（即纪念堂），想必这是洪辩的塑像了。后面的墙壁上画出两棵树，还有一个近侍女、一个比丘尼，可能是生前服侍洪辩的侍者。不知从什么年代起，塑像被搬走，这个洞窟成了堆放写卷的地方；也不知道是什么原因，这个洞窟又被封闭了。

然而，这个巨大的文化宝藏实在出现得不是时候！就在这一年，八国联军经天津攻入北京，一路烧杀抢掠。慈禧太后带着光绪皇帝逃往西安。第二年，腐败的清政府被迫与列强订立了丧权辱国的《辛丑条约》。在这个不幸的时代，藏经洞却在偶然中被发现了。

王道士本是个不通文墨的人，他哪里知道藏经洞发现的大量写卷的重要价值。不过，按照中国人的理念，古物总是很值钱的，于是，他选了几件精美的写卷和绢画送给县太爷和衙门的名流，希望能得到点赏赐。可是，令他失望的是，县太爷虽然把它们当作古玩来欣赏，但没有太重视，只是下达一道命令，让王道士就地封存起来。（也有人传说当时肃州道台曾转给甘肃藩台一些敦煌经卷，但考虑到运费没有着落，便下令王道士就地看管。）

此时，由王道士不断送给熟人朋友们的这些写卷被当作古董或书法艺术品已在很多地方流传开了。1902年，金石学家叶昌炽到甘肃省任学台，他曾考订了由敦煌县令汪宗翰派人送上的几种敦煌的唐碑拓片及藏经洞里的写卷和绢画水月观音等，认识到这些材料的学术价值。但汪宗翰却告诉他，藏经洞发现的写卷只有数百卷，发现之后已被当地的僧俗分光了。对此，叶昌炽只有叹息而已。或许汪宗翰所说的是来自王道士的谎言，因为要是真的由官府来管理这些宝物，王道士也就没有什么利益可言了。而实际上王道士成了这个宝库的直接管理者，他不断地偷偷弄出一些古写本送人或估价出售。就这样，由于清廷的黑暗、地方政府的麻木，造成了中国文化史上这一幕触目惊心的悲剧。

可耻的盗宝者

早在19世纪后半叶，德、法、英、俄等帝国主义国家就相继派出一些文化强盗在我国西北的新疆等地进行非法考古挖掘，盗走了不计其数的文物宝藏。敦煌发现藏经洞的消息传出后，很快就引来了不少盗宝者。

1907年，斯坦因来到了敦煌。

斯坦因是个英籍匈牙利人，考古学家。1900年，他就受英国政府的派遣进行了第一次中亚探险活动，到中国新疆的和阗、尼雅一带进行考古挖掘，盗走了大量的古代珍贵文物。大量流入大英博物馆的中国文物，抬高了斯坦因在欧洲的学术地位。因此，当他提出第二次到中国西部考察的计划后，很快就得到批准。

1906年8月，斯坦因组成了一个八人的考察组，从印度出发来到了新疆的和阗，挖掘了一个遗址，得到满满六大箱壁画残片和其他文物；接着他又到楼兰进行了挖掘，清理出了300多件文物。他于1907年3月到达敦煌。

在来敦煌之前，斯坦因还不知道藏经洞的事，只是想简单地考察一下千佛洞。当他听说藏经洞发现了大量文书的消息后，就迫不及待地赶到了莫高窟。此时，王道士恰巧外出化缘去了，于是他不得不先考察了汉长城，又发现了100多枚汉简，然后再返回莫高窟。

○ 斯坦因像

　　见到王道士后，他发现这个道士虽然胆小怕事，却也不好对付，因为王道士一直没有给他看那些文书，这使他伤透了脑筋。斯坦因雇了一个叫蒋孝琬的翻译，人称"蒋师爷"。蒋师爷设法接近了王道士，并向他透露：斯坦因打算提供一笔慷慨的捐款。王道士眼睛亮了起来。接着蒋师爷又提出想购买一些文书，王道士一下子变得犹豫不决了。斯坦因感到单用金钱很难打消王道士的顾虑，他又听说王道士对唐代的高僧玄奘十分崇拜，便让蒋师爷转告王道士，说自己是最真诚的佛教崇拜者，追随着玄奘的足迹从印度来到中国，并负有把玄奘带来的佛经重新送回印度的使命，等等。王道士将信将疑，偷偷取出一些经卷，打算给斯坦因看看。说来也巧，他随手打开的几卷佛经，竟然都是玄奘翻译的佛经。迷信的王道士认为这是神授的预兆，于是深信不疑地开始把藏经洞里的经卷文书一包一包秘密地搬到旁边的一个小屋，以供斯坦因选择。由于斯坦因不懂汉语，对这些文物的选择在很大程度上依靠蒋师爷，于是王道士把那些书法艺术水平较高的、保存较好的卷子留给自己，而尽量把那些有些残破的，或者以古代少数民族文字写成的卷子交给斯坦因挑选。因此，斯坦因得到了很多极有学术价值的梵文、于阗文、回鹘文卷子。斯坦因从王道士那里总共得到24箱古代经卷文书，5箱绘画、刺绣及其他工艺品，而王道士也十分满意，他得到了想要的"捐助"。

据斯坦因1907年4月14日致他的朋友艾伦的信中说：取得这批文物只花了130英镑，而买一个梵文贝叶写本和一些古旧物品就要这些钱了。

斯坦因带回大量中国古文书及艺术品的消息很快就轰动了欧洲。第二年，法国人伯希和也来到了敦煌。

伯希和是法国著名的汉学家，1901年曾到北京购买书籍、美术品等，对中国的古籍有一定的了解。20世纪初，欧洲国家纷纷掀起到中国西部盗宝的狂潮，法国也组织了到中国西北的考察团，伯希和被任命为团长。1906年，伯希和的考察团在新疆库车一带考察了八个月，发掘了大量的文物。当他经过乌鲁木齐时，遇到一个中国官员。这名官员向他出示了敦煌发现的卷子，他一眼便判断出这是8世纪以前的写本，不禁欣喜若狂。他立即放弃原定的计划，匆匆奔向了敦煌。

在王道士外出未归之时，伯希和就开始调查莫高窟，他给洞窟

○ 伯希和在藏经洞内翻检经卷

编了号，并记录了洞窟的有关题记，还让他的助手对大部分洞窟内容进行拍照并绘制地图。不久，伯希和找到了王道士。有了上一次成功的经验，王道士变得更为大胆，他感到又是敛一笔"捐助"的好机会，便满口答应了伯希和的要求，而且允许伯希和进到藏经洞仔细选。伯希和精通汉文，他用了三个星期的时间在藏经洞内翻检了所有的经卷，精心挑选出了学术价值极高的写卷6000多卷，以500两银子的价钱与王道士成交。

1909年，当伯希和从越南再次来到北京时，随身携带了一些写卷，他向一些中国学者炫耀在敦煌的收获，让中国学者震惊不已。

当时的学者罗振玉得知敦煌藏经洞还有剩余写卷时，便提请学部把敦煌经卷收归国有。1910年，清学部电令甘肃政府把敦煌所剩经卷全部押送入京。这一来，连地方官员们也开始认识到这些宝物的价值了，于是沿途的官吏不断窃取，到了北京，大官僚何震彝、李盛铎等人又窃取了很多较好的写本，而将较长的卷子剪开充数。最后，这些写卷送到京师图书馆保存时，仅剩8000多件，而且大多是断简残编。

当欧洲帝国主义列强不断地在中国西北探险和盗掘的时候，日本也不甘落后，派出了探险队来中国盗宝。

早在1902年，由大谷光瑞派出的日本探险队就在中国的新疆一带进行肆无忌惮的挖掘活动。1908年，大谷探险队第二次来到中国西北，在新疆的吐鲁番和楼兰一带进行调查，劫获了大量的珍贵文物。1910年，大谷探险队在第三次中亚探险活动中，除了继续在吐鲁番和库车一带进行发掘，还在楼兰一带剥取了米兰遗址的壁画。

1911年，辛亥革命爆发，探险队的橘瑞超与大谷光瑞失去了联系，于是大谷派吉川小一郎去寻找，吉川于当年10月来到了敦煌。为了等待橘瑞超，吉川在这里停留了很长时间，其间他拍摄了莫高窟的部分洞窟，并在当地购买敦煌写卷。尽管藏经洞出土经卷已全部送到了北京，但吉川竟又搜集到了数百卷经卷，此外还取走了莫高窟的两身精美彩塑。

英籍匈牙利人斯坦因也于1914年第二次来到敦煌，再次受到了王道士接待，并从王道士那里得到了五大箱文书，有600多卷。

○ 鄂登堡像

○ 大谷光瑞像

○ 橘瑞超像

○ 华尔纳像

　　俄国在1909年也派出了以鄂登堡为队长的探险队，考察了喀什、吐鲁番和库车一带并挖掘了大量的文物。由于带回了一大批文物，沙俄政府比较满意，于是1914年又组织了规模更大的探险队。这次考察是以敦煌为中心的，他们在敦煌进行了半年多的工作，绘制了400多张洞窟的平面图，记录了177个洞窟，拍摄了2000多张照片，并盗走壁画残片和布画、绢画、丝织品等美术品300多件，还通过各种手段获得大量敦煌写经。现藏俄罗斯的敦煌经卷达1万多卷。虽然有不少是碎片，但这个数目也是非常惊人的。由于资料不详，我们无法弄清楚为什么在中国政府已经把剩余的敦煌写卷送到北京以后，俄国探险队还能得到这么多的写卷。

　　1924年，一个叫华尔纳的美国人也在敦煌出现了。华尔纳曾留学日本，又在日本、朝鲜调查过佛教美术，所以他对东方美术有着浓厚的兴趣。1916年，他来华为克里夫兰美术馆搜集中国文物。1923年，华尔纳辞去宾夕法尼亚博物馆馆长的职务，到哈佛大学任教。这时的哈佛大学正准备扩充大学所属的福格艺术博物馆收藏品，而校长又对东方艺术颇感兴趣，于是派遣考古探险队到中国去的计划就开始执行了，他们选中了美术史专业的华尔纳。

　　华尔纳一行从北京到西安，然后到达黑城（今内蒙古额济纳旗），但这里已经被早年来过的俄国人科兹洛夫和英国人斯坦因大肆挖掘过，包括壁画在内，一切可以搬走的东西大都搬走了，这令他极为失望。于是他把目标转移到了敦煌。他在莫高窟仔细考察以后，兴奋无比，决心无论如何也要取走一些壁画和彩塑。他用70两银子

○ 华尔纳劫走的供养菩萨像

○ 第320窟南壁被劫后的伤痕

买通了王道士，就明目张胆地剥取壁画。他带来一种特别的胶布把壁画粘住揭下来，回去后用另一种能使壁画分离的化学溶液将胶布上的壁画分离下来。就这样，他在莫高窟唐代的第335、329、321、323、320等窟中粘走了十几块精美的壁画，又搬走了第257窟的北魏彩塑和第328窟的一尊唐代菩萨彩塑。这些艺术品被带回美国后，保存在哈佛大学的福格艺术博物馆，这个小小的博物馆因此而名噪海外，而莫高窟则永远留下了难以抹去的伤痕。

华尔纳自己在笔记中记载，他共粘走了12块壁画，还打碎了一块。据20世纪90年代一些中国学者的调查，现存福格艺术博物馆的壁画有11块。

华尔纳回到美国后，很快又组织了第二次探险，准备了充足的粘胶等材料，企图更大规模地剥离盗窃敦煌壁画。这一次，华尔纳还代表哈佛大学想与中国的大学合作研究，要找一个共同研究者。北京大学派了陈万里与他们同行。陈万里直到离开北京时才知道他们想要剥取敦煌壁画，于是便暗中监视华尔纳等人的行动，并告诉沿途的政府，请他们警惕。那时正值上海发生"五卅惨案"，全国人民反抗帝国主义的斗争处于高潮，敦煌当地政府和人民也积极保护莫高窟，并随时有人监视华尔纳等人的行踪，使华尔纳大量盗窃壁画的计划彻底落空。华尔纳没能进入莫高窟，便到榆林窟拍摄了一些照片后，悻悻而归。

实际上，莫高窟所受的劫难远远不止这些。如在华尔纳到来之前，一伙在十月革命中败走的白俄军流窜到中国境内，被中国当局拘留。昏庸无知的地方官员竟把莫高窟这个艺术之宫作为暂时的拘留地，于是，这伙绝望潦倒的士兵冲着壁画任意发泄，在精美的壁画上乱写乱画。由于他们在一些洞内生火做饭，部分洞窟遭到前所未有的烟熏污染，无数的艺术珍品遭受破坏。

另外，藏经洞的发现使王道士得到了很多意想不到的收入，于是他不断地忙碌着做"功德"，以报答赐给他财富的佛爷。他请了一些很不专业的工匠来制作佛像，不久，洞窟里就充斥着一批不伦不类的佛像以及送子娘娘、灵官之类的塑像，在精美的隋唐壁画衬托下显得恶俗不堪。他们还在很多残损的古代塑像上补修了与原作极不相称的佛头及手足等，甚至在古代塑像上刷一层很不协调的大红色和蓝色等。最令人痛心的是，由于莫高窟的上层栈道年久失修，很多上层洞窟无法上去，王道士就让人把洞窟与洞窟之间的墙壁打穿作为通道，大片大片的壁画因此被毁。愚昧的王道士至死也不会明白，他所努力经营的"功德"糟蹋了多少古代艺术珍品，给莫高窟带来了多么深重的灾难！

洞中的瑰宝

藏经洞里的文物大部分已散失国外了，而这批文物到底是些什么内容，当时的人们并不清楚。许多年后，随着敦煌学研究的展开，成千上万的文书及艺术品才为世人所知，一件件文物所蕴含的无与伦比的价值，常常令人惊叹不已。如绘画作品，从藏经洞发现的数百件纸本、绢本、麻布本绘画，还有刺绣作品，就令人大开眼界。

过去，我们很难看到唐代的绘画真迹，现在很多博物馆所藏的所谓唐代的绘画，大部分都是后人的临摹品，对于古代美术的研究和鉴赏来说，不能说不是一个很大的遗憾。但自从敦煌艺术品发现以后，我们对于唐代美术的知识突然丰富起来了。虽然这些艺术品大多是一些无名画工所作，但其中有不少就是直接传自当时的首都长安的，具有较高的艺术水平。据统计，仅斯坦因拿走的绢画、挂

○ 伯希和劫走的敦煌画

幡、刺绣等艺术品，藏入大英博物馆的就达260多件；另外，伯希和
拿走的藏入吉美博物馆的艺术品也有400件左右。这些美术品大部分
是经变画、佛像画及佛教故事画等，还有少数雕刻及工艺品。画幅
大者达3米多高，有不少绢画还有明确的年代题记，可以和敦煌壁画
对比研究。由于壁画与绢画的质地不同，表现出来的技法及效果也
有差异，对于全面认识唐代绘画有着重要的意义。

　　绘于初唐的《树下说法图》描绘了佛在树下说法的情形，两侧

○ 斯坦因劫走的《树下说法图》

各有三身弟子和两身菩萨像，左下角还画有一身女供养人像，不论是画面布局，还是色彩的装饰，都体现了来自中原的风格。特别是供养人的形象与莫高窟初唐第329窟东壁所画的供养人一致。还有在壁画中常见的规模宏大的华严经变、报恩经变等，画面布局及技法都是相通的。尤其是绢画，在色彩、水墨方面体现出更为细腻的特点。绢画中还有一些独立的画幅是壁画中较少或没有的，如行道天王像、引路菩萨像、行脚僧像、高僧像等，而且它比壁画情节更为丰富，如佛传、地藏十王图等。

　　另外，还有一些纸本的绘画，据研究是古代绘画的"粉本"。过去，我们仅从文献上知道古人画画时，打好草稿后，在纸上沿线条的部分刺出孔，然后把底稿贴近墙壁，沿有孔的地方扑粉，把纸移开后，墙上就留下了细细的点，画家就沿这些点连成线作画，这样的画稿就称作粉本。敦煌的粉本则为我们提供了实物材料。

○ 粉本

书法是我国特有的艺术，过去我们认识隋唐及以前的书法只能通过碑刻的拓本。书法本来是用毛笔写成的，通过雕刻移到了石头上，与纸上写的已有了一定的区别，有的还经过辗转翻刻，更是面目全非。因此，要认识书法原貌，那些拓本就显得不那么可靠了，所以近代就有人吟诗说："插架森森多于笋，世人何曾见唐本。"说明要见到唐人书法真迹有多么困难。然而敦煌文物中大量的南北朝及唐、五代、宋的写本，为学习和研究古代书法艺术打开了一个新的领域。我们看到了从东晋直到北宋各个时期的书法真迹，而且真、草、隶、篆各体都有，称得上是我国书法艺术的珍贵宝库。

敦煌写卷大多是名不见经传的写经手所作，书法不像文人的书法那样富于艺术的创造性，但这些写经手是以抄经为职业的，在书法艺术上必须达到一定的水平；另外，还必须满足人们普遍的审美时尚。所以多数写经能反映出那个时期的书法审美倾向，对于我们认识中国书法艺术发展的历史具有重要意义。各个时期的写本体现出不同的风格，不同地方的写本也往往表现出不同的地域特征。可以说，敦煌写本构成了一部中国古代民间书法艺术史。

从东晋至南北朝时期的敦煌写本中，我们可以看出不同地区的不同风格。如写于西凉建初元年（405年）的《十诵比丘戒本》，笔法具有汉隶的特点，反映出隶书向楷书转化的过渡时期的风格，与南方的《爨宝子碑》具有异曲同工之妙。北魏时期来自河北的写经《金光明经》，行笔刚劲，富于变化，明显地具有龙门石刻的风格。还有传自南方的写本，如一件写于荆州（今湖北沙市）的《大般涅

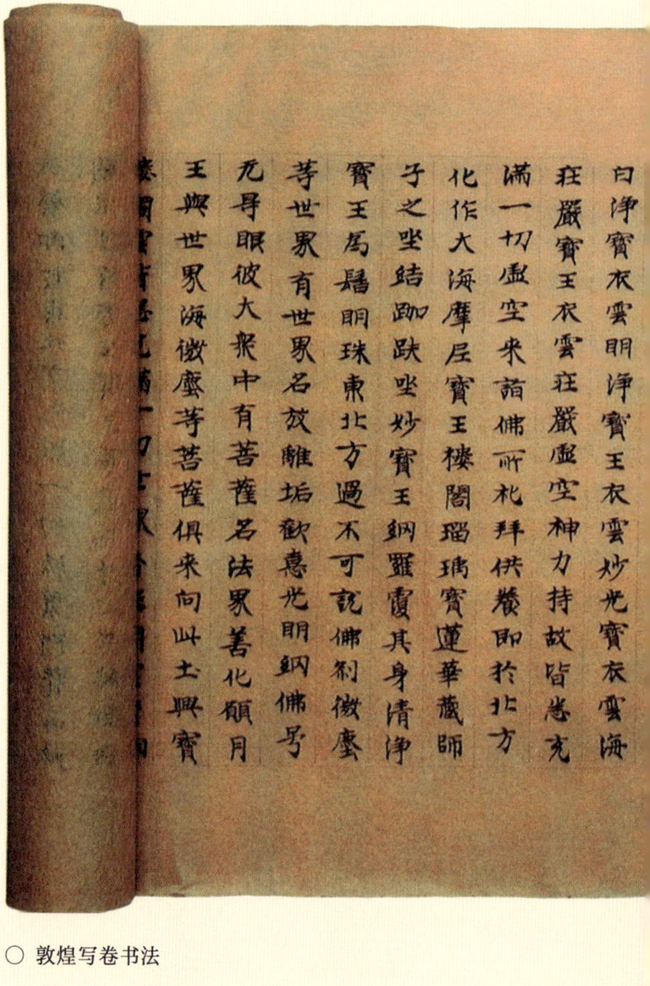

曰淨寶衣雲明淨寶王衣雲妙光寶衣雲海
莊嚴寶衣雲莊嚴虛空神力持故皆卷龍
滿一切虛空來詣佛所礼拜供養即於北方
化作大海摩尼寶王樓閣瑠璃寶蓮華藏師
子之坐跏趺坐妙寶王網羅覆其身清淨
寶王為髻明珠炒寶東北方過不可說微塵
等世界有世界名放離垢歡惠光明鋼佛号
无尋眼彼大眾中有菩薩名法界善化頓月
王與世界海微塵等菩薩俱來向此土興寶

○ 敦煌写卷书法

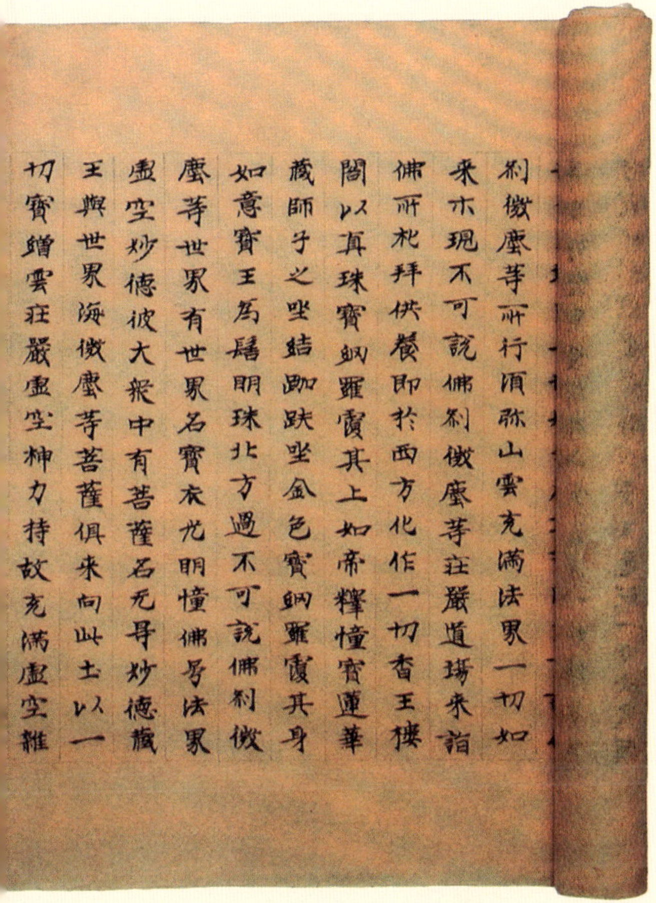

刹微塵等所行渞弥山雲充満法界一切如
來示現不可說佛刹微塵等莊道場來詣
佛所枇拜供養即於西方化作一切香王樓
閣以耳珠鋼羅寳其上如帝輝幢寳蓮華
藏師子之座跏趺坐金色寳鋼羅霞其身
如意寳王爲蠕明珠北方過不可說佛刹微
塵等世界有世界名寳衣尤明幢佛号法界
盡空妙德彼大衆中有菩薩名无号妙德藏
王與世界海微塵等菩薩俱來向此土以一
切寳蹭雲荘嚴盡空柿力持故充満盡空雞

槃经》，有梁天监五年（506年）的题跋，为工整的楷书，使我们对南朝楷书的发展有了具体的认识。魏晋南北朝是中国书法急剧变革的时期，但可惜的是王羲之等书法家的作品几乎没有真迹传下，他们的书法大都通过碑刻的形式保存下来，至今作为书法的典范来学习。但书法通过石刻以后，又经历代翻刻，大多已经失真，所以手写的书法具有石刻书法不可替代的价值。

隋唐的写本中有很多精品是来自中原的大寺及宫廷写经，这些经卷都是当时的书法高手所写，代表着那个时期书法的水准，有不少具有明显的欧阳询或颜真卿等书法家的风格，可以用于判断书法发展的时代变迁。如唐代楷书《御注金刚经》具有欧体结构紧凑、章法严谨的风格，又墨色浓重、神采飞扬。写于开元二十三年（735年）的《阅紫录仪》是为皇帝抄写的道经，规格较高，书法淳厚流畅，雍容和穆。还有一些儒家经典的写本，大约为儒生所写，风格与佛道经又有所不同。如写于初唐的《周易经典释文》，结体开朗，笔法雄健而浑厚，颇有颜真卿《勤礼碑》之风，但比《勤礼碑》早40年，说明像颜真卿这样的大书法家从民间吸取了很多有益的养分。写于初唐的《文选·运命论》，笔法劲健而娴熟，间距疏朗，虽为小楷而气势开张，具有褚遂良书法的韵致。

唐代还有大量的草书写卷，是书法史上难得的章草珍品，如《因明入正理论后疏》，通篇气势雄浑，而又流动婉转，珠圆玉润。

除了大量的写本外，还有唐人临摹的王羲之《十七帖》等，唐拓本唐太宗《温泉铭》、欧阳询《化度寺塔铭》及柳公权《金刚经》

○《周易经典释文》唐代

等珍贵作品。这些拓本时代较早，与现存传世的拓本相比，更为接近原作。而柳公权《金刚经》拓本为长庆四年（824年）所刻，与现存的几种刻本都不同，时代又最早。这些唐拓本的发现，使我们对欧阳询、柳公权等唐代书法家的艺术有了进一步的认识。

总之，敦煌写本的发现，大大丰富了我们对传统书法的认识，使我们对中国书法的发展有了更为客观和全面的认识，同时也给现代书法艺术的创作提供了灵感。

敦煌文献的内容以佛经为主，也有不少道教、景教、摩尼教文献。其中有不少是已经失传了的经典，为古代宗教研究提供了十分珍贵的资料。

敦煌藏经洞出土的文物，主要是写本文献。从内容上看，佛经是数量最多的，占敦煌写本的90％以上，涉及佛教各宗派的经、律、论三藏典籍，这些经典对于现在流传的佛经来说具有校勘价值。因为宋代以后，随着印刷技术的普及，佛经多以印本的形式流传，而敦煌的佛经基本上是用手抄写的，其中唐代和唐代以前的写经很多，有的还是该经刚翻译出来时就抄写的，而且有不少是传自长安和洛阳等地著名寺院甚至宫廷的写经，这些经在抄写后往往经几位著名高僧反复校对，应该是较有权威性的。用这些经典可以校正印本翻刻中出现的错误。尤为可贵的是，许多经典在中国和印度早已失传，却在敦煌石窟中被发现了。如《大乘入道次第》《佛说延命经》《诸星母陀罗尼经》等，举不胜举。特别是从敦煌写经中发现了一些禅宗史料的文献，这对于佛教史的研究具有十分重要的意义。日本在20世纪初编纂《大正新修大藏经》时，就利用了一部分敦煌写经来作校勘。不过，当时敦煌写经尚未全面公开，只用了英国所藏的写经，仅此也足以说明敦煌佛经写本的价值。

除佛经外，道教的《道德经》及其注疏本、《本际经》、《老子化胡经》等经典的发现都补充了《道藏》的不足，这对研究道教发展的历史具有重要意义。景教的文献《大秦景教三威蒙度赞》、摩尼教的《摩尼教经》等都是不可多得的珍贵资料。

儒家经典历来深受重视，在藏经洞中，《诗经》《尚书》《周易》《礼记》《春秋》以及《论语》（包括相应的注疏）的古写本均有发现，尤其是六朝和唐初抄写的《古文尚书》，即"隶古定"本，是绝迹了千年的古本。《毛诗音》、《孝经郑氏解》、唐玄宗御注《孝经》、《论语郑氏注》等，都是宋以后失传的珍本，为儒学研究提供了新的可靠的资料。

历史类文献中除了《史记》《汉书》《三国志》等正史外，尤其引人注目的是一些早已失传的史书，如晋人孔衍的《春秋后语》、虞世南的《帝王略论》、李筌的《阃外春秋》等；还有关于敦煌历史的著作，如《敦煌名族志》《归义军名士高僧邈真赞集》《瓜沙古事系年》等，都是研究敦煌和西北历史的重要著作。另外还有地理史的著作，如《天宝十道录》《贞元十道录》《诸道山河地名要略》《沙州图经》等，对于汉唐古地理的研究来说极为重要。特别是《沙州图经》，对于研究古代敦煌的地理是不可多得的著作，因为书中保存了不少有关敦煌的历史典籍和故事。

大量的社会历史文书也备受历史学家们关注，如唐苏琅等撰的《散颁刑部格》，可补《唐律》之不足；《唐代帝后国忌日表》《田令程表》《职官品阶食品表》等，都是研究唐代典章制度的好材料。这些材料使人们对唐朝及唐以前的社会发展有了许多新的认识。首先，它保存了不少古代官府文书的原件，使我们对诸如牒令、符式、制授告身式等唐代文书有了直接的认识。其次，这些官文书中有一些

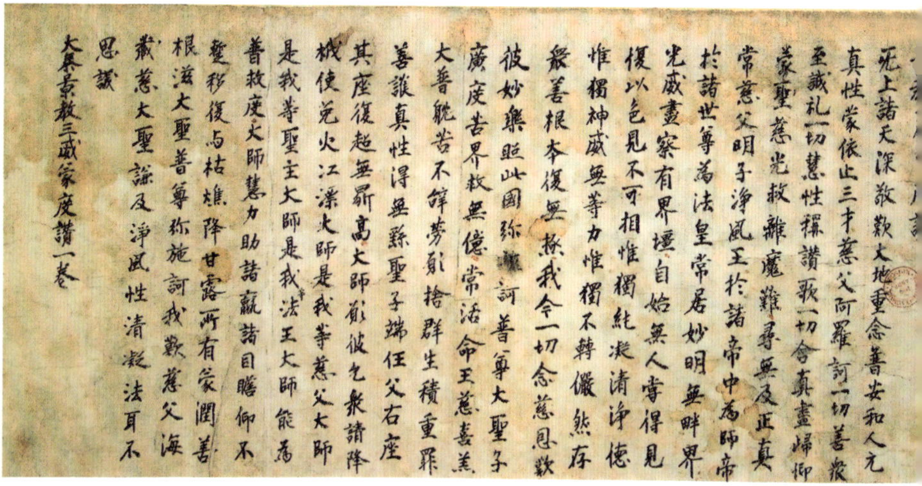
无上諸天深敬歎大地重念普安和人元
真性蒙依止三才慈父阿羅訶一切善衆
至誠礼一切慧性稱讚歌一切含真盡歸仰
蒙聖慈光救離魔難尋無及正真
常慈父明子淨風王於諸帝中為師帝
於諸世尊為法皇常居妙明無畔界
光威盡察有界壃自始無人甞得見
復以色見不可相惟獨絕凝清淨德
惟獨神威無等力惟獨不轉儼然存
衆善根本復無極我今一切念慈恩歎
彼妙樂照此國弥施訶普尊大聖子
廣度苦界救無億常活命王慈喜羔
大普耽苦不辭勞願捨群生積重罪
善護真性得無繇聖子端任父右座
其座復超無鼎高大師願彼乞衆請降
栰使免火江漂大師是我等慈父大師
是我等聖主大師是我法王大師能為
普救度大師慧力助諸羸諸目瞻仰不
暫移復与枯燋降甘露所有蒙潤善
根滋大聖普尊弥施訶我歎慈父海
藏慈大聖謙及淨風性清凝法耳不
思議
大秦景教三威蒙度讚一卷

○《大秦景教三威蒙度赞》唐代

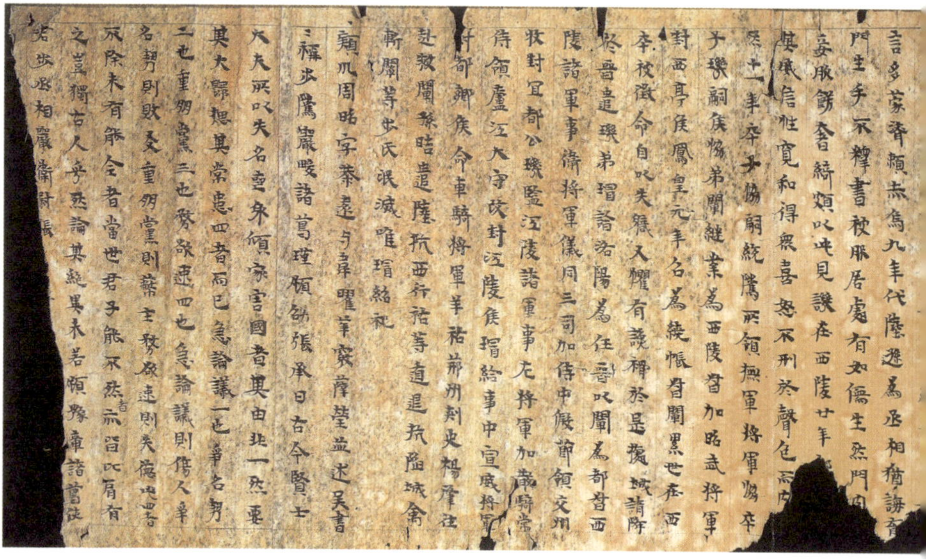

○《三国志·步骘传》残卷 东晋

涉及唐朝的律、令等法制文献，有的则涉及唐朝的官制、兵制等制度。从中不仅可以丰富《唐六典》等历史文献记载的内容，而且根据时代发展而出现的异同，可以看出唐代某些制度的发展演变。另外，学者们还根据文献中有关经济史的材料，在对唐代的均田、赋税等制度的研究中取得了重要成果。有关吐蕃占领敦煌时期以及敦煌归义军时期的大量历史文献，使人们对正史记载极少的敦煌这一阶段的历史发展有了清晰的了解。

洞中还有很多用少数民族语言写成的历史文献。如古藏文写本中的《吐蕃王朝编年史》《吐蕃王朝大事记》《吐蕃赞普世系表》等，对吐蕃历史的研究大有裨益。此外如回鹘文、于阗文、粟特文等文献是研究少数民族的历史以及他们与汉族交往关系等问题的重要资料。

有关我国古代科学技术的文献也有发现，主要有：

一、天文学。中国古代的天文学主要体现在星象观测上，唐代写本《星占书》记录了内外官星283座，1464颗星，还有《星图》等都是十分古老的天文学资料。又如多种《历日》写卷，相当于我们现在的日历本，是研究古代历法推断的重要资料，同时也可以借此了解古代民间节日及民间信仰。

二、数学。敦煌藏经洞出土有多种《算经》，有的是写于唐代或更早的时代，用它们可以校勘传世本唐代《算经》中的错误，具有科学史上的意义。

三、医药学。敦煌有十分令人瞩目的科技文献，如失传了千年的陶弘景的《本草经集注》，唐代的《新修本草》《食疗本草》等，这些文献对于《本草》原本、今传本《本草》以及我国古代药学的研究都具有特别的意义。还有失传的《脉经》，保存了不少失传的诊法、药方和脉学理论，《灸法图》《灸经明堂》等是关于针灸理论的文献。这些医药学文献的发现，为我国中医药学研究开创了新的道路。

四、造纸和印刷术。敦煌写本绝大部分是写在纸上的，而这些纸本最早的属于西晋时期，南北朝、隋、唐、五代、宋等各朝代也有纸本出现，写本本身就是研究古代造纸的绝好材料。敦煌的唐宋印刷品，对于古代印刷技术的研究也有很大的价值，特别是咸通九年（868年）的《金刚般若波罗蜜经》，字体浑朴、苍劲，是世界上现存最早的雕版印刷品实物。五代、宋的印刷品就更多了，除了敦煌本地印制的以外，有的还是在长安或成都等地印刷后带到敦煌的，为研究古代印刷技术提供了实物材料。

另外还有古代的气象、水利、纺织、建筑等方面的资料，限于篇幅不能一一介绍。

藏经洞中有一部分是文学作品，这些作品一经发现就引起了高度重视。它包括的范围非常广泛，一般来说分为文人作品与民间文学作品。前者如高适、白居易等诗人的诗集和唐人选的唐诗集等，这些作品有的可以用来对流传至今的文人作品进行校勘，有的则是失传的作品，是文学史研究的重要资料。而后者则是敦煌文学中最为重要的内容，称为俗文学，其中内容最丰富的就是变文、讲经文等。唐代的寺院里流行"俗讲"，就是一些高僧把深奥的佛教教义用通俗而浅显的语言形式，为大众宣讲。为了让人听懂并且感兴趣，就要加进很多文学的成分，以求讲得生动有趣。俗讲的底本有讲经文、变文等。史籍记载，唐代长安有一个著名的僧人叫文溆，善于讲变文，他一开讲，寺院里就人山人海，"其声宛畅，感动里人"。要达到这样强烈的效果，一定得有高超的艺术技巧。为了吸引听众，高僧们不仅讲佛经，还把一些历史传说也作为俗讲的题材，把这些佛教的、历史的故事演绎成内容丰富的文学作品，可以说是中国最早的小说。过去，我们只能从文献的记载中去想象变文、讲经文等，现在却在敦煌文献中大量地发现，填补了中国文学史上的一项空白。

令人兴味盎然的还有敦煌歌辞，这些歌辞大多作于唐朝到五代，有的反映了当时的社会生活，有的表现了劳动人民淳朴的爱情，有的歌咏历史事件。而且，敦煌歌辞是六朝乐府到宋词的过渡，它从音韵、声律、文学语言到艺术技巧都为后来的文人词提供了可资借鉴的作品，许多歌辞至今仍有着旺盛的生命力，如描绘江边女子舞蹈的《菩萨蛮》：

　　霏霏点点回塘雨，双双只只鸳鸯语。灼灼野花香，依依金柳黄。盈盈江上女，两两溪边舞。皎皎绮罗光，轻轻云粉状。

描绘忠贞爱情的《菩萨蛮》：

枕前发尽千般愿，要休且待青山烂。水面上秤锤浮，直待黄河彻底枯。白日参辰现，北斗回南面。休即未能休，且待三更见日头。

前者通过鸟语花香的环境描绘出一幅有声有色的舞蹈画面；后者为了表现对爱情的忠贞，竟用了六件事来发愿，写得率真、泼辣，反映了古代民歌的淳朴特色。

敦煌歌辞在唐代是配有乐曲供演唱的，词牌实际上就是曲调名，千百年后的今天，唐朝的歌辞是怎样演唱的便成了难解之谜，而敦煌文献为我们提供了认识唐代音乐的钥匙。20世纪70至80年代，经过中外研究者的共同努力，敦煌文献中的唐代琵琶谱终于被成功破译，绝响千年的古谱终于再现乐坛。人们惊喜地欣赏这盛唐之音：豪健昂扬的《秦王破阵乐》、具有阿拉伯民歌风格的《大食调》、欢快热情的《王昭君》、温婉而抒情的《如意娘》等，这些动听的乐曲把人们带入了清新典雅的艺术之境。从此，人们对于唐代的音乐有了感性的认识，对于唐代歌辞的音乐情趣也有了进一步的体会。

敦煌文献也为古汉语的研究开辟了新的道路。特别是在敦煌变文等俗文学里，保存了不少古代方言俚语以及不规范的古汉语用法，使人们了解到以前所不知的古代语言的某些特点，以及不少特殊文字的写法与用法，促进了对古汉语俗字、俗语的研究。

○ 敦煌乐谱

拯救敦煌

　　前面提到，1909年，在北京的中国学者罗振玉等人在伯希和处见到了被拿走的敦煌写卷，震惊不已。听说敦煌还剩数千件文书，罗振玉立即请求学部把敦煌写卷全部收归国有，使敦煌文书不再大量流散。经过多方交涉，伯希和答应替中国学者翻拍一部分卷子。三年后，根据伯希和提供的卷子，王国维、罗振玉、蒋斧等学者，一方面编辑出版了《鸣沙石室佚书》《敦煌石窟遗书》《鸣沙石室古籍丛残》《敦煌零拾》等书，另一方面从各个层面展开了对敦煌写本的研究。

到了20世纪二三十年代，一些游学欧洲的学者怀着满腔的爱国赤诚，通过各种途径，将斯坦因、伯希和劫走的敦煌遗书抄写和翻拍下来，带回国内进行研究。最早去巴黎、伦敦的学者有刘复、胡适等，刘复抄回的卷子最多，编成了《敦煌掇琐》（三辑）等书。胡适还对禅宗文献作了深入研究，成为这方面研究的先行者。1934年，北京图书馆专门派王重民、向达二人分别到巴黎、伦敦将敦煌卷子拍成照片带回国内。他们在欧洲废寝忘食，勤奋工作，带回了大量的敦煌资料。向达先生抄录的资料达200多万字，王重民还编成了《巴黎敦煌残卷叙录》两卷。此时，古汉语专家姜亮夫也自费前往英、法等国，抄回了不少敦煌文献，后来编成了《瀛涯敦煌韵辑》等书。

当时，国内的敦煌学研究主要在文学、语言学方面取得了很大的成就。胡适著《白话文学史》就谈到了敦煌出土的王梵志诗的价值。郑振铎著《中国俗文学史》以及《中国文学史》的有关章节，把俗文学正式编入文学史，拓宽了文学史研究的领域。此外，向达、傅芸子、孙楷第等对敦煌变文都有深入的研究。著名史学家陈垣将北京图书馆所藏的敦煌遗书作了全面的检阅和考订，编成了《敦煌劫余录》，规模宏大，考订精详，是当时最好的敦煌遗书目录。

中国的学者们为了抢救祖国的文化遗产，承受着各种压力，历尽千辛万苦。回国后，由于时局动荡，又不能顺利展开研究，如姜亮夫的手稿在日本侵华战争中大部分毁于战火。因此，历史学家陈寅恪先生感叹道："敦煌者，吾国学术之伤心史也。"

20世纪40年代，由于抗日战争的影响，国民政府将首都迁到重庆，文化中心的西移，使很多学者开始关注远在西北的敦煌。1942年，中央研究院组织"西北史地考察团"，向达、劳干、石璋如等学者到敦煌一带作了实地考察。1944年，中央研究院与北大组织"西北科学考察团"，向达、夏鼐、阎文儒等考古学家赴敦煌进行了更为细致的考察。在开展这些学术活动的同时，成立敦煌研究所的筹备工作也展开了。

与此同时，著名画家张大千也到敦煌进行美术临摹工作。张大千最早把敦煌艺术介绍到全国，产生了较大影响。

张大千曾遍游名山大川，在20世纪30年代就已经名满海内了。但他并没有满足，总想探索新的领域。1941年，他听说在敦煌有很多古代壁画，就带着家眷和几个弟子向敦煌进发了。在刚到敦煌的两个月里，张大千领着弟子们清理洞窟的积沙，为洞窟作了编号，凭着他广博的知识修养，大致分出了各个时期的风格特征。后来他将洞窟内容的记录和分析编成《莫高窟记》一书出版，从中可以看出张大千对敦煌艺术的独到见解，至今仍然是富有启发性的。经过一段时间的努力，他临摹了一批壁画，托人带到成都，举办了"西行纪游画展"，立即引起了轰动。

在兰州稍事休整以后，第二年春天，张大千又来到了敦煌，这次画家谢稚柳也跟他一起来了。谢稚柳不仅是著名的画家，而且还精于书画鉴定，他在临摹壁画的同时，对石窟内容进行了详细的考察，后来编成了《敦煌艺术叙录》，这是最早出版的关于莫高窟艺术的总录性专著。经过近两年的奋斗，张大千临摹了大量的壁画。1944年，"张大千临摹敦煌壁画展"相继在成都、重庆举办，在人们眼前展示了清新绚丽、别开生面的艺术世界。敦煌学家陈寅恪先生盛赞张大千的成果，他说："自敦煌宝藏发现以来，吾国人研究此历劫仅存之国宝者，止局于文籍之考证，至艺术方面，则犹有待。大千先生临摹北朝唐五代之壁画，介绍于世人，使得窥此国宝之一斑，其成绩固已超出前人研究之范围，何况其天才独具，虽是临摹之本，兼有创造之功。"

当张大千离开敦煌时，又有一位艺术家开始扎根在敦煌，开辟了中国敦煌学的一片新天地。他就是被称为"敦煌守护神"的常书鸿。

出生于西子湖畔的常书鸿早在1927年就到法国学习油画，后来便定居法国，过着无忧无虑的生活。一个偶然的机会，他看到了伯希和编的《敦煌图录》一书，其中刊布了从敦煌拍摄的壁画照片。他又根据别人提供的信息，来到吉美博物馆，看到了伯希和从敦煌劫去的艺术品，他感到非常吃惊。他没想到中国竟有如此辉煌的艺术作品，更没有想到这样珍贵的艺术作品竟会大量流失国外。一股强烈的爱国热情，促使他离开生活了九年的法国，于1936年回到了多灾多难的祖国。

1942年，由于学者们的呼吁，政府决定筹备成立敦煌艺术研究

○ 常书鸿像

所，常书鸿积极参与。1943年春天，他终于来到了敦煌，一踏进千佛洞，他便沉醉在这浩瀚的艺术海洋，开始如饥似渴地临摹、研究。1944年，敦煌艺术研究所正式成立，常书鸿就任所长，早期的开创者还有画家董希文、潘絜兹，美术史研究者史岩、李浴等。他们修筑起保护洞窟的围墙，有计划地对洞窟进行了调查、考证和临摹，抄录了供养人题记。短短的一年里，临摹、复制了壁画彩塑上百件，并整理编辑了《敦煌石室画像题记》。到1949年，共临摹了900多幅壁画。1948年，他们在上海、南京等地举办了"敦煌艺术展"，受到社会的广泛关注。

1949年，中央人民政府接管了敦煌艺术研究所。1950年，敦煌艺术研究所改名为敦煌文物研究所。50年代，随着研究的深入，敦煌文物研究所开始配合专题研究来进行临摹工作，这样，不论从数量上还是质量上都超过了前人的临摹。1961年，莫高窟、榆林窟同时被列为全国重点文物保护单位。60年代，在国家经济困难的情况下，国务院拨巨款对莫高窟进行了大规模的加固维修；同时，在北京大学宿白教授的指导下，开始对敦煌石窟进行考古学的研究。正当各项研究工作开展之时，"文化大革命"开始了，敦煌文物研究所的研究工作半途而废，以后的10多年中，全国的敦煌学研究都处于停滞状态。

80年代初，一位日本的敦煌学专家曾说过："敦煌虽然在中国，但敦煌学却是在日本。"这句话对中国学者的刺激很大，学者们呼吁加强敦煌学的研究，同时不少学者投身到敦煌学研究中来。1983年，中国敦煌吐鲁番学会成立。第二年，敦煌文物研究所扩建为敦煌研究院，下设石窟保护、考古、美术、文献等四个研究所，成为世界上最大的敦煌学研究机构。同时，北京大学、武汉大学、杭州大学（今浙江大学）、兰州大学等学校相继开设了敦煌学课程，有的还设立了专门的研究机构。

1987年，敦煌莫高窟被联合国教科文组织列入《世界遗产名录》。随着敦煌石窟在世界上知名度的提升，敦煌石窟研究同世界的合作与交流蓬勃开展，截至2000年，敦煌研究院已主办了六次敦煌学国际学术会议。另外，在一些大学也不断举办国际性或全国性的敦煌学研讨会。通过中国学者们的努力，20多年来，中国已经出版了大批的敦煌学研究成果，展现了敦煌石窟各个领域研究的新成果。"敦煌学在国外"的情形一去不复返了，中国学者在敦煌学界无疑已占主导地位。著名敦煌学家季羡林先生提出了"敦煌在中国，敦煌学在世界"的口号，指出了将来敦煌学发展的方向。

3 石窟与彩塑

佛教艺术的殿堂

石窟这种形式最早源于古代印度。至今印度还保存着著名的阿旃陀石窟、埃罗拉石窟等多处石窟寺。

佛教产生以后，作为日常工作，僧侣们要进行修行、说法及各种佛教仪式活动，于是针对不同需要，就产生了相应的寺院和石窟等建筑。

寺院是以砖石、木材构建，而石窟则是开凿在山崖中。本来，寺院与石窟具备同样的功能，为什么有了寺院后还要开凿石窟呢？这有两个原因，一是寺院多建立在城市里，虽然有利于传播佛教教义，但僧侣们要修行，需要一个更为安静的环境；而幽静的山上或森林中是最适合修行的，于是在山里凿窟而居便成了佛教徒修行的重要方法。另外，土木结构的寺院常常会因火灾而化为烬土，地处闹市，也会因政治变动或战争而受灾，因此，选择在山中凿窟以代替寺院，其中也有避免灾祸的用意。

不仅在敦煌，中国内地不少地方也开凿了石窟，如位于山西省大同市附近的云冈石窟、河南省洛阳市附近的龙门石窟、河北省邯郸市附近的响堂山石窟、甘肃省天水市附近的麦积山石窟等。这些石窟都有一个特点，虽然都是在风景优美的地方，但距离市区少则十几公里，多则二十几公里，是人们步行可以到达的距离，这样就可以维持正常的生活供给，同时也让信众们去参拜时不至于太辛苦。

现在，从敦煌市到莫高窟的公路里程有25公里，而古代穿越沙漠到达石窟的路途则只有10多公里。在敦煌这个沙漠地区，适用于建筑的石材和砖瓦很少，木材也十分难找，于是在砂岩中开凿洞窟、用黏土制作塑像、在壁上绘制壁画就成为敦煌石窟的主要特色。

敦煌石窟从建筑形制来看，大体上有三种形式。

第一种形式是禅窟。古印度把它称作毗诃罗窟，意思是"精舍""僧院"，是僧人们用以坐禅修行的洞窟。

禅修是早期佛教僧侣们的重要修行方法。禅的意思就是"思维修"，僧人们通过静坐、冥思苦想来达到对佛法教义的领悟。

印度的阿旃陀石窟中有不少是禅窟，它的形式大体是围绕着一个大型洞窟，在周围开凿较小的洞窟，僧人们在这些仅能容身的小洞窟中修行。现存的禅窟在中国内地很少，但在新疆地区的克孜尔石窟就有不少。莫高窟南区有三处，即北凉第268窟、北魏第487窟和西魏第285窟。20世纪90年代，在莫高窟北区也发现了一些禅窟。

第268窟是一个小型石窟，被认为是敦煌最早的石窟。它的主窟是一个1米左右宽的过道，在两侧各开了四个小禅室，禅室很小，仅够一个人坐下。在这里除了坐禅修习以外，难以进行别的活动。第487窟和第285窟比较相似，窟形较大，中央是一个方形的覆斗顶窟，正面开龛造佛像，两侧壁各开四个小禅室。在第285窟中央还保存着一个方形坛的遗迹，可能是用于说法或别的活动的。专家们推

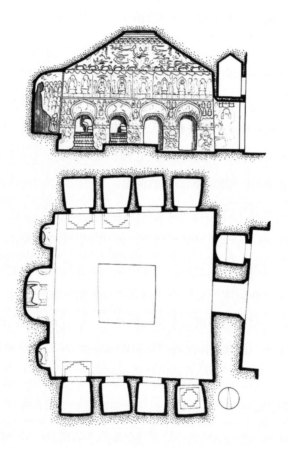

○ 第285窟平剖面图

测，第268窟最初建立时是没有壁画和塑像的，后来为了观像的需要而造了佛像，并绘制壁画。而第487窟和第285窟的窟形则表明，开窟时就已明确计划要造佛像的。本来观像也是禅修的一种方式，称为"禅观"。僧侣们在静坐时，要一边看佛像，一边想象佛教的教义和佛国世界，这样自己的心中就会不断地出现佛像或佛国景象，从而使禅修得以长进。另外，像第285窟这样的大型禅窟的出现，不仅表明了禅修的僧人增加，而且反映了禅修的形式有所变化，即把禅修、说法、礼拜等活动都结合起来了。

第二种形式是中心柱窟。中心柱窟是敦煌北朝时期最流行的洞窟形制，它源于印度的支提窟。支提的意思是塔，塔本是存放佛舍利（指佛的遗骨）的地方。在佛像产生之前，塔作为佛的象征物而被崇拜，所以在寺院和石窟中建塔，便于人们绕塔礼拜。有塔的石窟称为支提窟，也就是塔庙窟。在印度的阿旃陀等石窟中有不少支提窟，它的形制大体是平面为长形，前方后圆，后部中央建一座佛塔，信众们进入石窟后，围绕佛塔右旋礼拜。塔庙窟实际上就是礼拜窟。

但是敦煌的塔庙窟与印度的有点不一样，它的平面为长方形，在洞窟的后部有一个方形的柱子，直通窟顶，称为塔柱，这是仿照佛塔的形式所建，但与印度式的佛塔已大不相同了。方形的塔柱上四面都开有佛龛，龛中各有佛像，正面是一个大龛，其余三面则为上下两层佛龛。与此相对应，石窟左右两侧壁上部也常常凿出一排佛龛。佛龛的形式最初也是传自印度，通常上部为圆拱形，称为圆拱龛。可是在敦煌石窟中除了圆拱龛外，还有阙形龛。所谓"阙"，是中国传统建筑的一种重要类型，它通常在门两侧做出高出的屋檐，中部较低。阙的形式至少在周代就已经存在了，通常是用于宫门、城门、陵墓、祠庙等处，有宫阙、城阙、墓阙和庙阙之分。汉朝以后，贵族的庄园多建阙，这在汉画像中就有所表现。其形式是在门的两侧建双阙对峙，阙比门略高一点。敦煌石窟中的阙与汉代以来的阙形式完全一致。此外，除了凿出来的阙形龛外，在壁画中也常常能看到画出阙的建筑。在古代，阙有观敌守卫的功能，后来逐渐成了一种象征。由于阙多在宫城使用，所以阙就象征着至高无上的宫廷。佛龛本是供奉佛像的，借用中国传统的阙的形式来造佛龛，表明了古代中国人对佛教的理解，以阙象征佛国的天宫，显然是把佛看作世俗的皇帝一样至高无上。

中心柱窟的窟顶后半部是平顶，前半部则为人字披顶，这是中国典型的歇山顶房屋建筑形式。人字披的两端还仿照木构建筑的形式，浮雕出椽子，在中梁的两头做出斗拱的形式。当然，这些斗拱与椽子已经没有什么实际的建筑功能，仅仅是装饰而已。石窟本来与佛教一样都是从印度传来的，然而经过中国艺术家们的创造，巧妙地把中国传统的建筑形式融合进去了。可以想见，中国的佛教信众们进入这样的石窟，看着十分熟悉的传统建筑形式，无疑会产生亲近感。

莫高窟第251、254、257、431等窟都是中心柱窟的典型洞窟。北魏时期中原地区的云冈石窟、巩县石窟，北齐时期的响堂山石窟等都流行过中心柱窟的形式。

隋代以后，中心柱窟的规模更大，往往在中心柱的正面和两侧壁建造三组大型佛像，也就是三世佛像。如莫高窟第427窟（隋）、第332窟（初唐）就是代表性石窟。这时的中心柱四面及洞窟的两侧壁已不再开龛，塑像都集中在中心柱正面和两侧壁的人字披下，人们一进洞窟就见到这样高大的佛像，具有一种震撼人心的视觉冲击。初唐第332窟和盛唐第39窟还在洞窟后壁开龛，内塑涅槃佛像，这样的布局具有新疆克孜尔石窟中心柱窟的特点。唐代的中心柱窟还有如榆林窟第28窟和第17窟的形式，仍保留着四面开龛的传统，但都是单层龛，佛像较大。在中心柱正面和两侧面的佛像均为坐佛，中心柱背面的佛像则为立佛。莫高窟第39窟（盛唐）和第9窟（晚唐）等石窟的中心柱窟又有一些变化，仅在正面开帐形深龛，其余三面不开龛，塑像较小，这是唐代后期的特点。

第三种形式是殿堂窟。北魏晚期到西魏时代，由洛阳一带传来的中原风格影响到敦煌，这时的洞窟多采用殿堂窟的形式。

殿堂窟是敦煌石窟中为数最多的洞窟，通常平面为方形，在石窟正面开一大龛。这种洞窟的空间较大，如殿堂一样，所以称为殿堂窟；因窟顶为覆斗顶形，也叫覆斗顶窟。覆斗顶来源于中国古代斗帐的形式。文献上记载，大约在周朝就已出现了斗帐，其形式是：先立四根帐柱，上面再以水平向和斜向的帐杆构成覆斗顶；也有的是四角攒尖，形成锥形的。在麦积山石窟还保存着四角攒尖顶的殿堂窟，如第11窟和第136窟，显然这也是受中国传统建筑影响的产物。

○ 中心柱窟　第254窟　北魏

○ 第254窟平剖面图

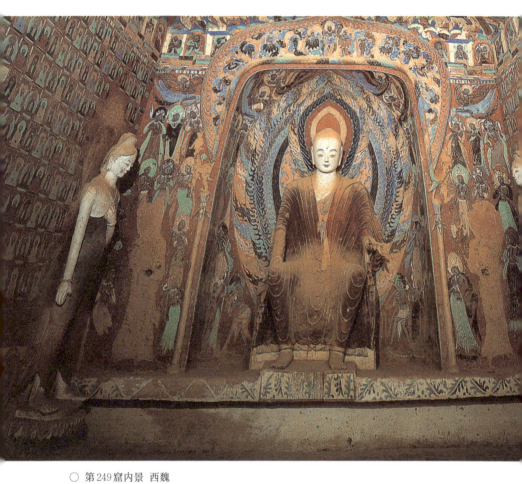

○ 第249窟内景　西魏

○ 第249窟平剖面图

敦煌各个时期均有覆斗顶窟，早期则以西魏第249窟为代表。这是一个中型洞窟，正面开一龛，塑倚坐佛，龛外两侧各有一身菩萨像。隋代以后，覆斗顶窟出现了一点变化，正面佛龛往往有两层，称作双层龛。有不少洞窟除了正面开龛外，还在两侧壁也各开一龛，如第420窟等，这样的洞窟称作三壁三龛窟。但唐代以后，又恢复到了只在正壁开龛的形式，但佛龛开得较大，龛内的塑像也有很多。唐代后期，殿堂窟的佛龛发生了一些变化，由原来的敞口龛改变为帐形龛，这与当时现实生活中的帏帐十分接近，而且龛顶和龛檐都仿照现实中的帏帐画出垂幔和流苏等装饰物，还在帐形龛的内部画出了屏风式的绘画，佛教石窟完全世俗化了。

唐代后期还出现了一种不开龛的殿堂窟，只在窟中央设佛坛，佛坛上有众多佛像。如莫高窟第205、16窟，榆林窟第25窟等。五代以后，殿堂窟多采用中心佛坛的形式，并增加了从佛坛延伸到窟顶的背屏，洞窟的规模更大了，如第61、98窟等，洞窟进深都在10米以上。这样的形式，正与当时寺院中佛殿的布局一致。此外，在背屏窟的窟顶四角，通常还凿出四个浅龛，在其中绘四大天王的形象。

不论是中心柱窟还是殿堂窟，在过去都包括前室和后室（即主室）两部分，前室通常还建有木构窟檐建筑，由前室经过一个甬道进入主室。但由于莫高窟崖面坍塌等原因，大部分的前室已经不存，只有主室完好。榆林窟则较多地保存下了前后室的状况。

除了以上三种洞窟形制外，还有大像窟和涅槃窟等特别的窟形。涅槃窟是供奉涅槃佛像（俗称卧佛）的。在中亚一带的石窟中，通

○ 第332窟内景
初唐

常是在中心柱窟的后室安置卧佛，这在莫高窟第332窟也一样。但唐
代以后出现了大型涅槃佛像，如第148窟和第158窟的涅槃佛像都长
达十五六米，洞窟也就比较特别。就拿盛唐第148窟来说吧，它的平
面是一个横长方形，窟顶为横向的圆拱顶，洞窟正面是一个高1米左
右的佛床，上面躺着巨大的卧佛。由西壁（正壁）到北壁的巨大的
壁面上，配合卧佛像绘制了大型的涅槃经变。在南北两侧又分别开
龛造佛像，形成了过去、现在、未来三世佛。中唐第158窟基本构成

○ 卧佛 第158窟 中唐

与前者一致，只是窟顶为帐形顶，更具有中原建筑风格特色。它在南北两侧没有开龛，但有过去佛和未来佛的彩塑。

大像窟就是有巨型佛像的石窟，其形制往往根据大佛的情况来设计。莫高窟第96、130窟和榆林窟第6窟都在窟内造了二三十米高的大佛像。如初唐第96窟内有高达35.5米的大佛，佛像倚山而凿，石胎泥塑，像外建起包括窟顶的木构窟檐，历经唐、宋、清、民国，到现代重修，最初的建筑原貌已很难得知了。现存的状况是：在佛像外有九层楼阁的木建筑，俗称九层楼。盛唐第130窟有高26米的大佛，窟顶是唐代流行的覆斗顶形，正面上部和中部有明窗，下部有窟门。据莫高窟窟前考古发掘，在它的窟前，曾有大规模的殿堂建筑，想必当年在这大型佛像前面，人们进行过诵经、礼拜等活动。

○ 第96窟外景 初唐

100

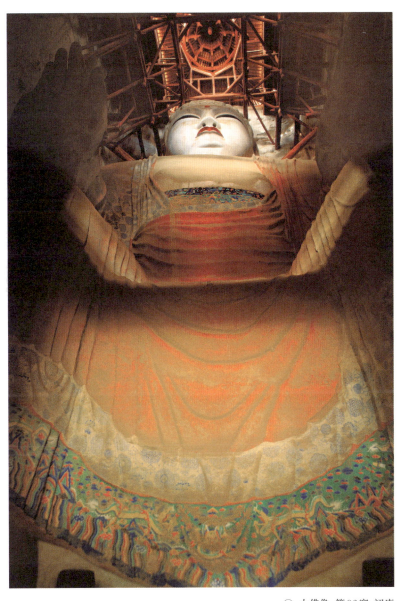

○ 大佛像 第96窟 初唐

唐代建成的榆林窟第6窟，窟内有高达23米的大佛像，其形制与第130窟比较接近，但窟顶作穹庐顶，洞窟上部正面有明窗，窟前也有木构建筑。

在古代石窟建成的时候，除了大型洞窟在窟前建有殿堂外，一般的洞窟也通常在窟外建有木构的"窟檐"。所谓窟檐，是指窟门的外观用木构建筑的形式建成，包括屋檐、门、柱、窗等，远远看去，这些石窟仿佛是重重楼阁一样。现在内地的石窟，如云冈石窟第5、6窟也保存着楼阁式的窟檐。然而，由于各种原因，历代建立的窟檐绝大部分都已毁坏，在莫高窟仅有很少的古代木构窟檐保存下来，即唐代修建的第196窟窟檐，宋代修建的第427、431、437、444窟窟檐。从莫高窟唐代碑文记载可知，当时曾有"前流长河，波映重阁"的景象。要是古代的窟檐全部保存下来的话，远远望去，定是楼阁森森，十分巍峨的样子吧。

卓越的彩塑艺术

在西北的沙漠地带，能用作雕刻的石材极为罕见，适于雕刻的木材也很少，以黏土制作塑像就成了营造佛像的主要手段。敦煌彩塑的制作方法是：先用木棍做骨架，在木棍上扎上麦草、芦苇之类的干草束，以便泥土能够附着在上面，然后敷上掺有杂草、兽毛等纤维的黏土，塑制出形状来，最后在泥塑的表面绘出颜色，彩塑就完成了。这是从河西到中亚一带的佛教石窟及寺院中普遍流行的佛像制作方法，与新疆的克孜尔石窟、中亚的呾叉始罗、哈达等地的彩塑技法是一致的。

早期的敦煌彩塑流行浮塑的形式，塑像的背后总是与墙壁连在一起。有的塑像则是把木桩的一头打入墙壁，另一头与彩塑相连，起到支撑的作用。这是受中亚犍陀罗浮雕影响的结果，与北凉以来河西地区的金塔寺石窟、马蹄寺石窟的彩塑制作方法相似。还有一种称为影塑的形式，通常用于小型的塑像，即用模子成批地制作出浮塑的佛像，粘贴在墙壁上，然后再分别加以彩绘。这样的影塑除了千佛以外，还有供养菩萨、飞天等，一般仅20厘米至30厘米高。

隋唐以后才开始流行圆塑的形式，即不与墙壁相连的独立的塑像。唐代的大佛像多采用石胎泥塑的办法，即在开窟的同时，先在崖面上凿出佛像的大体形状，然后再以泥塑的形式塑制各个细部，最后加彩完成。

隋唐以后的彩塑，色彩丰富而细腻，多用金箔，显得金碧辉煌、灿烂无比。彩绘技法也随着绘画技法的进步而发展，即所谓的"绘塑一体"。一方面彩塑与壁画从内容到形式要相互协调，另一方面彩绘在方法上与壁画技法密切相关。

佛教产生的初期是反对偶像崇拜的，所以，在原始佛教阶段的古印度并没有佛像的雕塑。印度的山奇大塔、巴尔胡特等地佛教遗迹就是保存至今的早期佛教作品。在那里虽然出现了大量有关释迦生涯故事的雕刻，但故事的主人公释迦牟尼佛并没有出现。那时，

○ 第420窟内景 隋代

○ 菩萨 第420窟 隋代

○ 印度马土腊佛像

人们以佛塔、法轮、菩提树、佛足迹等来象征佛。公元1世纪前后，印度中部的马土腊地区和印度北部的犍陀罗地区相继产生了佛像。关于佛像产生的时间和地点，学术界有很多争议，至今也没有定论，但犍陀罗和马土腊这两个地方是早期佛教艺术的中心则是大家公认的。马土腊位于印度的中心地，自古以来就是佛教发达的地区。那里产生的佛像具有印度本土特色，人体丰满健美，衣纹富有装饰性，后来传入中国的所谓"曹衣出水"，就是传自马土腊的造型风格。犍陀罗位于今巴基斯坦境内，是古代中亚地区的佛教文化中心，由于犍陀罗地区曾受到古希腊罗马文化的深刻影响，在雕塑上具有西方艺术的特点，富于写实性，注重人物精神面貌的塑造。在公元3至5世纪以后，马土腊与犍陀罗艺术互相影响。而就在这一阶段，佛教大举传入了中国。佛教艺术当然也随着佛教的传入由西向东传入了中国。

在敦煌初期的佛教艺术中，出现了各种不同的风格，既有犍陀罗风格，也有马土腊风格，还有西域的龟兹等地区的风格。在敦煌开窟的初期，河西地区已经开凿了著名的凉州石窟，这样，位于凉州西部又同样受到北凉统治的敦煌就不能不受到凉州石窟的影响。所以，敦煌早期的彩塑呈现出十分复杂的特点。北凉第275窟是现存年代最早的石窟，它的正面是一尊交脚弥勒菩萨像，高达3米左右，在早期石窟中称得上是大型彩塑了。菩萨上身半裸，头戴宝冠，腰系羊肠裙，双脚交叉而坐，故称为交脚菩萨。这样的坐式在犍陀罗雕刻中十分常见，大多是表现在兜率天宫的弥勒菩萨，显然具有浓厚的犍陀罗风格。然而，犍陀罗雕刻往往衣褶较厚，衣纹写实而自然。可是这尊交脚菩萨衣服贴体，衣纹细密而具有装饰性，这些方面似乎又具有马土腊艺术的特点。不管怎么说，这尊雕塑都可以说是充满外来风格的作品。

这座洞窟的南北两侧壁上部又各开了四个小龛，分别塑交脚菩萨和思维菩萨。思维菩萨这一名称本来并非菩萨的名号，只是因为菩萨的坐式为左足下垂，右足靠在左膝上，一手支颐，呈思考的样子而得名。这是表现弥勒菩萨决疑的内容，而禅修的僧人们则希望

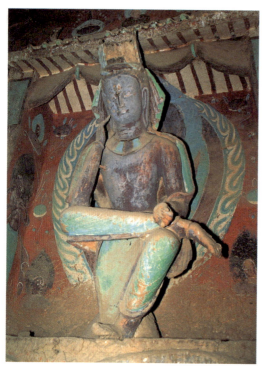

○ 思维菩萨 第257窟 北魏

弥勒菩萨前来帮助解决各种疑难问题，但也有人认为这是表现释迦
牟尼成佛之前于菩提树下思考的情景。早期佛教雕刻中交脚菩萨和
思维菩萨的塑造十分普遍，反映了弥勒信仰的流行。当然，还有主
尊为倚坐佛的。一般认为，交脚坐式的弥勒菩萨表现的是尚未成佛
时住在兜率天宫的弥勒；倚坐的佛像则是表现已经降世成佛的弥勒。
但也有人认为，倚坐佛有可能是释迦牟尼或者阿弥陀佛。由于古人
的题记文字已经不存，我们无法知道最初造像的意图。但从早期佛

○ 交脚菩萨 第275窟 北凉

教多崇拜弥勒的特点来看，我们把它看作是弥勒佛应该是没有问题的。

　　隋代的洞窟开得都比较阔大，彩塑也高大雄伟，显示出新的时代风貌。此时石窟形制主要有三种，一种是殿堂窟，另两种为中心柱窟形式。中心柱窟形式中，一种是在方形石窟中央建立塔柱，中心柱下部为方坛，上部呈倒塔形，上有四龙环绕，象征须弥山，如第302、303窟就是这种形式；另一种是承前代遗制而又有所变化的，

○ 一佛二菩萨 第427窟 隋代

如第292、427窟。这种窟中心柱的正面一般不再开龛，而是塑三尊立像（一佛二菩萨），人字披下部南北两壁也各塑三尊像，与中心柱正面佛像构成一组，这三铺佛像体态形式基本一致，应是佛的"法、报、应"三身，通常把这种组合形式的佛像称作三身佛。前室内侧塑三四米高的天王和力士。三身佛等新出现的巨型塑像已成为洞窟的主体，中心柱便不再是最重要的视点。

　　隋代的塑像有着承前启后的特征，与前朝相比已有很大的发展变化。首先是内容更加丰富，塑像由一铺三身向一铺多身发展，第427窟是此期的代表，全窟彩塑总数达28身之多。中心柱正面一铺三尊的中央佛像头微向下低，面含微笑，仿佛在俯视着尘世的芸芸众生，庄严中透出慈祥的神情。左手平伸作与愿印，右手竖掌，手指向上，作施无畏印。单纯而简练的袈裟，古朴而庄重的色调，衬托出内心的深厚与睿智。佛两侧站在莲台上的胁侍菩萨，比佛像略低，她们面形端庄，嫣然而笑。与佛不同的是，她们的衣饰华丽：右侧的菩萨头戴花蔓冠，上身着菱形连珠纹短上衣，肩挎红色披帛，浅绿色的飘带和金色的璎珞下垂；下身着菱形花纹锦裙，一手托莲蕾，一手自然下垂。左侧的菩萨头冠已失，上衣为菱格狮凤纹，华丽的璎珞和飘带下垂，菱花格锦裙垂于脚下，一手拈花，一手紧靠腿侧，具有少女般的矜持。这三尊塑像的姿势、神情基本一致，高大的身影在这小小的环境中出现，像一首强烈的回旋曲，不断地强化主体，使人们对它的认识越来越明朗，越来越深沉，这样就营造出一个理想的宗教氛围。

○ 天王与力士　第427窟　隋代

　　如果说主室的佛、菩萨形象具有含蓄、内在的情感，那么，前室的天王、力士则要外露得多。门两侧是护法的金刚力士，左侧力士张口大呼，右拳回收，似要砸将出去，他的头部与下颌、脖子等转折处，棱角分明，胸部、手臂隆起一块块强健的肌肉，表现出一个刚毅、勇猛的战士形象。右侧这身力士正紧握双拳，准备上阵厮杀，他牙关紧咬，双目圆睁，充满张力的肌肉表现出一种强烈的感情和正待爆发的力量。前室南北壁各有两身天王，这便是所谓的四大天王，在佛国世界里他们是守卫东西南北的四方之神。这些天王身着铠甲、战袍，手持法器，足踏恶鬼，同勇猛的金刚力士相比，显得沉着，且面含胜利的笑意，动作豪迈而又不失将军的那种雍容气概。像这样成功的彩塑在第419、420、412等窟也可以看到。如第412窟的一组13身塑像，把佛的十大弟子都塑出来了，气势宏大，造型拙朴，很能代表隋代风格。

　　入唐以后的塑像人体比例变得协调，有很强的写实性，并渐渐脱离对后壁的倚靠，成为比较成熟的圆雕，而且以整铺的群像为主。第96窟的巨型弥勒大佛为石胎泥塑，先在崖上凿出身体的轮廓，然后敷泥，再作细致的塑造。佛作倚坐之势，双目俯视，一手上扬，一手平伸，两腿自然下垂。由于年代久远，经过历代重修，大佛已不是原来的面貌了，但身体基本上保持了唐朝的风貌。大佛超常的高度，产生出一种震慑人心的气势和威力。这尊大佛建于唐代武周证圣元年（695年）。彩塑群像则以第328窟的一铺九身塑像为代表（现存八身，其中一身已被美国人华尔纳于1924年盗走，现藏哈佛大学福格艺术博物馆）。佛端坐于中央，两侧是佛弟子阿难和迦叶。佛有十大弟子，但通常只塑迦叶和阿难二身，用来代表所有的弟子。阿难号称多闻第一，是最年轻的弟子，艺术家塑出他天真而略带稚气的面孔，体态潇洒，具有一种年轻的活力。与他相对的迦叶号称头陀第一，是年纪最大的弟子，他紧锁双眉，老态龙钟，一副饱经

○ 彩塑群像 第328窟 初唐

○ 龛内彩塑　第45窟　盛唐

沧桑的样子。这性格鲜明的一老一少，形成强烈的对比。弟子外侧的菩萨作游戏坐，这种坐姿显得随意、自然，配合他们健美而灵活的身体，充满了青春的魅力。外侧的几身供养菩萨跪在莲座上，身体小巧玲珑，别有风韵。这组彩塑，不论站式还是坐式，都反映出艺术家对人体比例的熟练掌握和对人物神态刻画的细致入微。

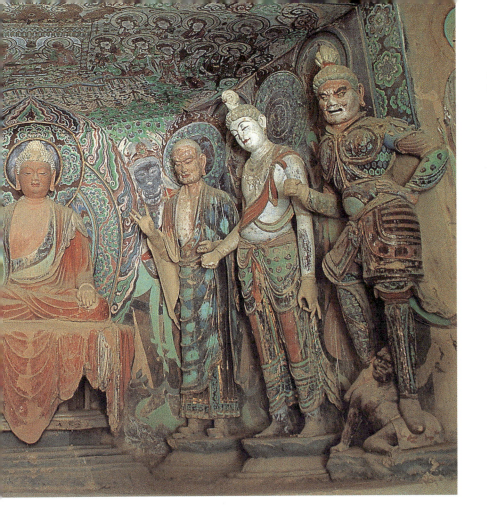

　　盛唐彩塑与初唐彩塑的艺术特点是比较一致的。如第45窟保存的一铺完整的七身彩塑。洞窟正面开一敞口龛，置彩塑，南壁绘观音经变，北壁是无量寿经变。塑像以佛为中心，两侧分别是弟子、菩萨、天王，均取站立姿势。阿难双手抱于腹前，身披红色袈裟，内着僧祇支（专指和尚所穿的类似于衬衣的一种内衣），衣纹的刻画

○ 菩萨 第45窟 盛唐　　　　　　　○ 天王 第45窟 盛唐

简洁、单纯，胯部微微倾斜，神态安详，在恭谨中透出青年的朝气。
迦叶则老成持重，颇具长者风范，他一手平伸，一手上举，慈祥的
眼神中充满睿智的光彩。菩萨上身璎珞垂胸，披帛斜挎，下身着华
丽的锦裙；头部微侧，眼睛半闭，身体微微弯曲作S形；一手下垂，
一手平端，动作优美，神情娴雅；洁白莹润的肌肤下面，似乎能感
觉出血液在里面流动。天王身披铠甲，一手叉腰，一手执兵刃，足
踏恶鬼，英姿飒爽，神情激昂。从这里可以看出，此期彩塑写实性

很强，艺术家们根据现实生活中的妇女、将军等形象来塑造菩萨、天王，于是这些神看起来显得格外可亲；同时，艺术家这种高超的写实技巧，又使这些塑像动态逼真、栩栩如生。另外，艺术家非常注意这些雕塑的群体性，这些彩塑一铺少则五六身，多则十几身，层次丰富，彼此呼应。如上述第45窟这一组七身彩塑，以佛为中心，左右大体对称排列。他们目光俯视，参观者一定会发现每身塑像都在慈祥地看着来人，而每一身的动作又各不相同：阿难双手抱在腹前，显得忠厚、谦恭；迦叶扬手似乎正在说什么；两身菩萨都是一手伸出，一手下垂，显得漫不经心；天王则是表情激昂，肌肉绷紧。这一动一静、一松一紧，各具性格却又统一在佛的周围，产生了极强的艺术魅力。

佛作为领袖式的主尊，总是那样温和慈祥、庄严镇定。第130窟有一尊开元、天宝年间的大佛，因该窟位于第96窟以南，这尊大佛通常被称为南大佛。除了一只手重修外，大佛保持了原作面貌。佛头微低，面容慈祥，双目俯视，神态庄严而略含笑意。这尊佛像高约26米，倚山而造，气势雄伟而神态可亲，在宏大的气势中又不失细腻，集雄健与优美于一身，是唐朝的艺术杰作。

史书上记载：唐人以丰肥为美。实际上，唐朝三百年间，并非都是以丰肥为美的，第328、45等窟的彩塑还是很清秀的。一般来说，从盛唐晚期到中唐以后，才开始流行起丰满型的人物。在第194、159等窟的彩塑中可以看出这种特色。

第194窟是一个小型洞窟，正面开一个帐形龛，内塑一佛、二弟

○ 大佛 第130窟 盛唐

子、二菩萨、二天王；龛外侧各塑力士一身。只是此窟塌毁严重，仅佛龛内彩塑保存较好。这一铺九身彩塑是盛唐晚期彩塑的杰出代表。中央的佛双腿下垂，作善跏坐势，一手上举作说法势，一手放在膝盖上，表情平静，神态慈祥。北侧的弟子迦叶袈裟右袒，双手合十，意态虔诚，面含微笑。与他相对的弟子阿难，眯着眼睛，充满了天真和稚气，两手叉在腹前，宛若一个无忧无虑的少年。北侧的菩萨斜挎披帛，罗裙垂地，赤足站在莲台上，身体向后微微倾斜，显出妩媚的姿态；面容洁白莹润，带着微笑，眯着双眼，似要与你亲切攀谈。南侧的菩萨头梳双鬟髻，长眉入鬓，面颊丰腴，双目低垂，嘴角深陷，露出隐隐的笑意；左手上举（手指已毁），右手下

○ 菩萨 第194窟 盛唐

垂；身穿华丽的圆领无袖上衣，披帛围绕，搭于左肘；体态丰腴，
肌肤莹洁，身体自然舒展；衣纹飘柔，衣饰富有质感，反映了古代
匠师高超的造像技巧。

  北侧的天王，戴头盔，着铠甲，雄健威武。他身体前倾，重心
放在右腿上，右手执兵器（已失），左手前伸，脸上露出刚毅、果敢
的神情。南侧天王与此相对，发髻高耸，身披铠甲，神情敦厚，面

带爽朗的笑容，分明是一个性格豁达、心胸宽广的将军。历代塑像中的天王，大多是横眉怒目、杀气腾腾的样子，而这一身却一改天王传统形象，因富有人间气息而显得和蔼可亲。龛外有两身力士，北侧的力士面带笑容，上身赤裸，一手挥拳，一手舒掌。艺术家着意刻画了他那发达的肌肉、暴起的筋脉以及圆瞪的双眼，他的全身无处不显示着一种强劲的力量。南侧的力士腰系战裙，嘴唇紧闭，

○ 天王 第194窟 盛唐

正屏住呼吸，准备厮杀，一手横在前面，一手挥举，正欲砸下，大有力劈华山之势。作者抓住力士搏斗前的一瞬间，以静态刻画出雷霆万钧的动势。

这组彩塑以佛为中心，突出表现一种庄严而又带有浓厚人间气息的境界。不论是佛、弟子还是菩萨、天王，都显得真实可感，他们不再是远离人世的神。从菩萨身上，我们可感知那个时代的妇女温婉娴静的个性；而天王、力士也都是唐朝现实生活中将军、士兵的写照。

第159窟也有帐形龛，原有一铺七身彩塑，中央的佛像已不存在，只剩下二弟子、二菩萨、二天王。这种格局与第194窟相似，技法水平虽稍逊一筹，但菩萨的形象却很有特色：北侧的菩萨双目下视，上身袒裸，下着绣花锦裙，肌肤洁白，一手上举，一手自然垂下，身体丰盈，姿态落落大方。南侧的菩萨曲眉丰颊，发髻高耸，衣饰华丽，一手托物上举，一手下垂，轻握飘带，姿势优雅。外侧的两身天王挺胸怒目，直视前方，两手紧握，仿佛正要出击。天王与菩萨动静对比，相辅相成。

唐朝后期人物形象趋于丰满，这与当时的审美倾向有关。还有一个倾向就是佛像的塑造更加世俗化了，艺术家们越来越习惯于以现实中的人物形象为模特来创作，因此，塑像中的神性减少了，而人性的因素增加了。

这一时期的第158窟是大型的涅槃窟。涅槃窟的形制在盛唐就出现了，盛唐第148窟就是一个大型的涅槃窟，窟内以大型彩塑涅槃像

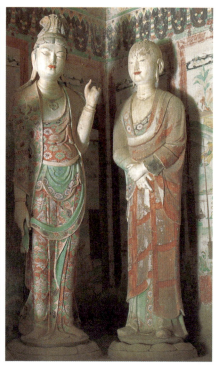

○ 菩萨、弟子 第159窟 中唐

为中心，配合涅槃经变壁画，构成一个完整的涅槃世界。由于彩塑经后代重修，形象已严重破坏，无法与精美的壁画相协调，但它却开创了以涅槃为主题来设计一个大型洞窟的先例。第158窟便是继承了第148窟的洞窟形制而建成的，也是一个横长方形洞窟，洞窟后半部分有一个长长的1米多高的佛坛，上面平卧着释迦牟尼涅槃像的彩塑。长达15.6米的塑像静静地躺在佛床上，他头靠在枕头上，右手枕在头下，双目半闭，神态安详，仿佛一个假寐的少女，嘴角还留

○ 佛像头部特写 第158窟 中唐

有含蓄的笑意。无论是五官、发髻还是颈项，无不显示出明净的线条。身上的袈裟自然形成一条一条柔和的衣纹曲线，与身体起伏的曲线相配合，构成完美的韵律。这些线、面和全身的形体，犹如开放的莲花，那样简洁、静穆而不冷漠，那样纯洁而不孤寂。这浑然一体的造型，体现了中华民族艺术宏大而深沉的境界。在窟内的南北两侧，还各塑有一身佛像，表示过去佛和未来佛。

五代、北宋彩塑所存甚少，第55窟保存一组彩塑，填补了这一

○ 北侧未来佛 第158窟 中唐

时期彩塑的空白。这个洞窟是一个长形殿堂窟，中央设马蹄形佛坛，佛坛上塑三铺佛像，现仅存的佛像分西、南、北三面而坐，为三世佛，均为倚坐式。西壁正面的佛像右手扬起，左手放在膝上，神情静穆，左右两侧佛像也大体一致。正面佛像北侧有弟子迦叶像，一臂已残，身体僵直，神态拘谨。南侧佛两旁存两身菩萨，北侧存一身菩萨，他们比例和谐，衣纹贴体，神态温和。西南角上的天王形

○ 佛与菩萨像 第55窟内景 北宋

象，体现出刚毅和威武的气质。南侧佛座边的天王造型较为新颖，
他左手托着佛座，好像不堪重负又拼命用力的神态颇为生动。总的
来说，这些彩塑都能准确把握人体比例，在形象刻画，衣纹、服饰
的表现，以及总体精神上都努力追摹唐风，但体形过分僵硬，表情
呆滞，缺乏唐朝彩塑那种鲜活的气息。

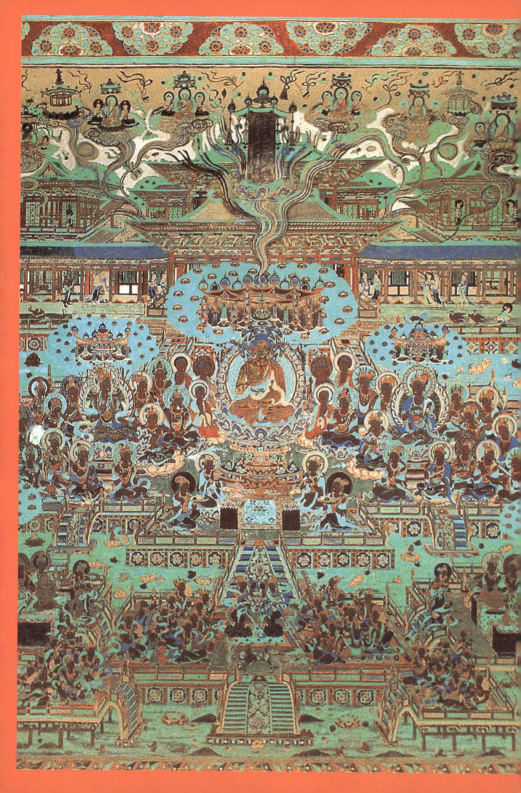

4 壁画瑰宝

佛国世界

　　佛在敦煌占有重要的地位，他们是洞窟的主体，是崇拜的对象，是彩塑的主要题材，同样也是壁画中首先要突出的形象。

　　一般来说，在石窟的中心柱窟中，中心塔柱的正面龛是主龛，左右两侧壁往往要画出大型的说法图，强化佛教的主题。早期壁画中流行说法图。所谓说法图是指佛说法的场面，通常画出一组三身或五身的佛像，中央为如来佛，两侧为佛弟子、菩萨等。北魏以后说法图两侧的菩萨、飞天等更加众多，一铺说法图可能有十几身佛像。早期的第251、257等窟中，在殿堂窟正面开龛造出佛与菩萨等像，两侧壁画说法图，与正面的彩塑一样组成三组佛像的形式，这样的组合往往就是表现过去、现在、未来三世佛的形式。

　　千佛也是洞窟中大量出现的形象，大乘佛教中有"三世三千佛"之说，就是指过去世庄严劫千佛、现在世贤劫千佛、未来世星宿劫千佛。在壁画中，千佛通常画成高10厘米至20厘米的小佛像，一个接

○ 千佛 第427窟 隋代

一个排列起来，铺满墙壁。每个佛像身上袈裟的颜色都不相同，又按色彩的变化有规律地排列起来，从整体来看就成了一道道色彩斑斓的装饰带，使洞窟华丽而庄严。北朝时期还有不少洞窟用影塑的形式来表现千佛，具有浮雕的效果。

佛两侧的菩萨通常称作胁侍菩萨，根据主尊佛的不同，胁侍菩萨也有所不同，如释迦牟尼佛的两侧，配以文殊菩萨和普贤菩萨。这主要来自《华严经》教义，所以称作"华严三圣"。阿弥陀佛的两侧配以观世音菩萨和大势至菩萨，称作"西方三圣"，因为阿弥陀佛是西方净土世界的教主。东方药师佛的两侧则是日光菩萨和月光菩萨，称为"东方三圣"。在早期壁画中，佛与菩萨组成说法图，一组三身，或有更多的菩萨侍立左右。唐代以后，单独画出菩萨的画面多了起来，通常在佛龛两侧或窟门两边画出文殊和普贤菩萨的赴会图（也有人称之为"文殊变""普贤变"），与中央佛龛中的佛像相应，扩展了说法图的意义。如第172窟的门两侧分别画出文殊和普贤赴会图。门北侧文殊菩萨骑狮子前行，旁有昆仑奴牵狮，后面跟着文殊的眷属及众多的菩萨天人。门南侧普贤菩萨乘白象，前后也有眷属及众多的天人簇拥着。引人注目的是在文殊变和普贤变的上部都画有山水图，如文殊变上部左侧是一组突兀高耸的山崖，接近江面的山峰壁立千仞，令人想起三峡的雄奇；山的颜色用青绿和赭红色相间染出，鲜明而又有光感；山崖后面，一条河流蜿蜒流出，越往近处，水波的起伏越明显，最后汇成滔滔大河。中段是一片广袤的平原，其中可见平缓的山丘，山丘后面又有河流，与右侧的河水

○ 文殊变 第172窟东壁 盛唐

交汇在一起。右侧则是一望无际的平川，一条河曲曲折折，来自迷
茫的远方；河边的树木愈远愈小，消失在天边；由远及近，这三条
河汇于一处，形成壮阔的水面。这种辽阔的山水画无论是对透视关
系的处理，还是对光的明暗及色彩的表现，都达到了很高的水平。
它不像后代的山水画那样，追求构图的怪、奇、晦涩和重山叠岭，
而是努力反映出北方雄浑、壮阔的风光。整幅画体现着阔大、爽朗、
健康的精神。

○ 文殊変　第159窟西壁　中唐

　　第159窟西壁的文殊和普贤赴会图也绘制精美。文殊菩萨坐于雄狮背上的宝座，神情安详，手执如意。前后有天龙八部等众神环绕。这些菩萨圣众表情各异，动态不一。如狮尾后部的天女探头外视，天真无邪；下面的菩萨凝神俯视，仿佛沉浸在遐想中；牵狮的昆仑奴双眼圆睁，正用力牵绳，动作神态极为真实。最动人的是狮前的三身伎乐，前面的一身吹着横笛，侧着脸，目光下视，她的头仿佛随着乐曲在轻轻晃动；后面的一身打着拍板，头微微上仰，眉开眼笑，一脸喜悦之情；另一身伎乐神情专注地吹笙，眼睛注视着手指的动作，赤脚站在莲台上，跷起的脚趾似乎也在随着音乐的节奏打着拍子。

　　在文殊、普贤赴会图的下部，是以屏风画的形式画出的五台山图。五台山在山西省，因为山有五顶，故名。北魏以来，人们发现五台山的形势与佛经中记载的文殊菩萨的道场清凉山十分相似，便在五台山建立了供奉文殊菩萨的寺院，后来不断地出现文殊菩萨在五台山显形的传说，促进了五台山佛教的繁荣。到了唐代，皇帝多次派人到五台山送供，于是有人画出五台山图，在首都长安一带流传开来，甚至连边远地区的敦煌也出现了。五代还开凿了专门供奉文殊菩萨的第61窟，称作文殊堂。洞窟中央设佛坛，原来塑有骑狮的文殊菩萨像，现在已佚，仅有狮子的足迹和尾巴保存下来。在这个洞窟的西壁还画出了长达13米的五台山图，详细描绘了当时五台山周围的交通地理情况，具有珍贵的历史价值。

　　除了文殊、普贤，观音菩萨也是极为流行的壁画题材。南北朝

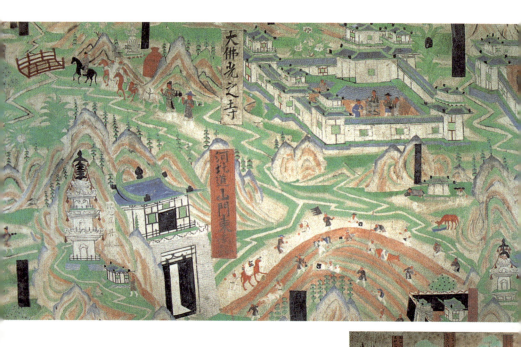

时，在中国就出现了表现观音菩萨的浮
雕，内容来源于《法华经·观音菩萨普
门品》。后来民间信仰中，把这部分内
容从《法华经》中抽出来，单独诵习，
称为《观音经》。唐代壁画中出现了表
现《观音经》的观音经变，如第205窟
南壁和第45窟南壁都画出了观音经变，
第45窟画得最完整，艺术水平也较高。
中央是观音菩萨像，两侧分别画出观音
菩萨救苦救难的场面。佛经中说，如若

○ 观音经变 第45窟 唐代

在海上遇到风浪或妖怪，只要口念观音名号，即可消灾免难。壁画中画出一条大帆船航行在大海中，船中有七八个旅客和五六个艄公，船周围的水中，有不少怪鱼怪兽纷纷攻击这条船，情况十分危急。船中之人都双手合十，向观音菩萨祈祷。还有一个画面表现商人们牵着毛驴行进在山中，忽然山后出来几个手执刀杖的强盗，商人们心惊胆战，做出祈求的样子。这也是表现遇盗而得观音菩萨救助的情况。抛开其宗教的说教内容，其实这些生动的场面正表现了古代的商人或旅行者的真实生活。

○ 五台山图（局部）第61窟西壁 五代

○ 天王 榆林窟第15窟 中唐

　　壁画中除了菩萨外，天王也常常被单独描绘出来。天王是镇邪护法之神，一般在洞窟门两侧或佛龛两侧画出。隋代以后，一般在佛龛两侧画出两身或四身天王，以补充彩塑的不足。中唐以后，在洞窟的门两侧画出南北二天王的情况较多，如榆林窟第25窟前室窟门两侧、榆林窟第15窟前窟南北两壁、莫高窟第9窟中心柱西侧等均绘南北二天王。五代以后，往往在洞窟的窟顶四角画出四大天王，象征着天王守护四方。如第61、98窟都在窟顶画出东、西、南、北四方的天王形象。

○ 天王 第100窟 五代

　　随着观音信仰的盛行，在敦煌壁画中还出现了千手千眼观音像、如意轮观音像、六臂观音像、十一面观音像、水月观音像等，其中水月观音像较有特色。据文献记载，唐代画家周昉最早创作了水月观音像，以水光月色表现出一种空灵的境界，把美丽的自然风景与观音像结合起来，深受人们欢迎。水月观音像反映了中国文人审美意识对佛教美术的影响。敦煌壁画中的水月观音像共有34铺，其中榆林窟西夏时期第2窟的两铺水月观音，以青绿山水为背景，表现出幽深、静谧的气氛，是水月观音中的优秀作品。

○ 水月观音像 榆林窟第2窟 西夏

  飞天是佛教艺术中的一个独特形象，通常是指佛教诸天，除了佛和菩萨以外，佛教世界里的天部诸神（如天龙八部众神），他们都能够自由地飞行于天空。因此，在佛教美术中，常常表现出飞行的样子。在天龙八部中，乾闼婆与紧那罗是主管音乐舞蹈之神，这两类天神多表现为飞天的形象，所以有人认为飞天就是指乾闼婆与紧那罗。佛经中又记载，当佛说法的时候，常常有天人、天女或作散花，或作歌舞供养。这些天人、天女并没有具体指哪一种神，因此，也可以把飞天理解作天人、天女。

  其实在佛教传来之前，中国古代也有很多关于仙人的传说。古人认为有一种长生不死的神仙，他们可以自由地在天空飞翔。在汉代的绘画中就有身上有羽的仙人。佛教的飞天在进入中国后，人们自然而然地会想到羽化而升天的神仙思想，于是飞天很快便成为中国人喜欢的形象。敦煌石窟中，最早开凿的第272、275窟中就出现了不少飞天的形象，此后历代石窟壁上几乎都有飞天。

北凉、北魏时期的飞天形体较短，受西域风格影响，身体呈V字形，转折强烈；由于身体强壮，有一种沉重之感。飞天多画在佛

○ 飞天 第254窟 北魏

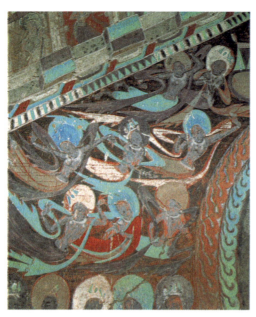

○ 飞天群 第257窟北壁 北魏

龛内或说法图中，佛的两侧上部往往相对画出两身或四身飞天，如
第254窟中心柱正面佛龛上部两侧各有两身飞天，他们上身半裸，斜
披天衣，着长裙，但露出赤脚，飘带绕着双臂飘下，在飘带的末端
形成尖角。身体转折较大，差不多形成90度直角，显得力量有余，
柔软不足。第257窟北壁说法图虽已残损大部，但在左上部的一组飞
天却完整地保留了下来。这组飞天共八身，有的迎风而舞，有的双
手合十，有的面向后倒着飞行，姿态各异，飘带和衣裙随风飞舞，
有一种满壁风动的效果。

　　西魏以后，中原风格影响到了敦煌，在第249窟中就可看到西域

○ 飞天 第249窟南壁 西魏

风格和中原风格并存的飞天形象。南壁说法图中，在佛的两侧相对
画出四身飞天，下部飞天身体强壮，上身半裸，下着长裙，身体弯
曲成圆弧形，形成一种强烈的张力；上面的飞天则穿着宽大的长袍，
身体清瘦，飘带也画得细腻。上面的飞天就是具有中原风格的所谓
"秀骨清像"型的飞天，下部则是西域风格的飞天。这截然不同的两
种飞天，一强一弱，一粗犷一纤细，又和谐地组合在一起。

○ 飞天 第285窟南壁 西魏

○ 飞天 第427窟窟顶 隋代

第285窟是中原风格最为突出的洞窟，本窟南壁画出了12身飞天，在云气缥缈、鲜花满天的背景中，他们一身接着一身，轻快地飞行。飞天均上身半裸，下着长裙，头发梳成两个髻，面庞清秀，带着一丝微笑，神态安详。有的弹奏着箜篌；有的吹着横笛；有的一手支颐，一手前伸，显得矜持而娴雅。

隋代的飞天受中原影响，呈现出崭新的面貌，多以群体飞天的形式出现，如第423、390、244等窟都在四壁上部接近窟顶的地方画出一道装饰带，其中飞天一身接着一身向中央佛的方向飞行。这些飞天小巧玲珑，灵活多姿，加上飘带简练流畅，造成一种快速飞行的气氛。第427窟也是如此，在四壁上部画出天宫栏墙和飞天，在深蓝色的天空中，飞天的飘带配合流云构成轻快飞动的效果，造型的简练优美、动作的急速、色彩的丰富变化就是这个洞窟的动人之处。由于变色的原因，底色形成了深褐色与蓝色交织的状况，犹如一道奇妙的色光，使这些飞天透出一种不可思议的神秘感。隋代的画家还把飞天组合在窟顶藻井图案中，如第407窟，具有飞动的效果。这种在藻井中绘制飞天的传统一直延续到唐代，本书将在《装饰的艺术》一节详述。

第321窟在佛龛顶部画出天宫栏墙，沿着天宫栏墙有一群体态婀娜的天人，神情悠闲逍遥，有的在朝下散花，有的则好奇地看着下面的人间世界。佛龛上部以深蓝色画出天空，在靠近佛背光的地方，菩提树前相对画出两组飞天，右侧的飞天均一手托着花蕾，一手自然展开，长裙衬托着柔和的身姿，长长的飘带随风飞舞。左侧的飞天与右侧相对，也是身体朝下飞来，一手拈花蕾，一手轻柔地散花。这两组飞天体态自然而柔和，每一条飘带、每一个动作都显得那么完美。

○ 飞天
第321窟龛顶南侧
初唐

146

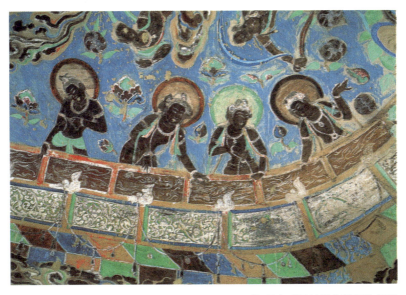

○ 天人 第321窟龛顶南侧 初唐

　　盛唐是敦煌艺术的黄金时代，飞天的描绘也表现出成熟而完美的特点。第172窟西壁佛龛顶部，在华盖两侧各画出两身飞天，华盖右侧的飞天，一身头枕着双手，身体舒展，怡然而上，仿佛鱼在水中悠然游过；另一身头朝下，双手捧着花蕾，飘然而下。这两身飞天一个向上，一个向下，身旁的彩云也朝着不同的方向翻卷，形成一个充满动势的结构。本窟窟顶的藻井也比较独特，藻井中心画出莲花，外沿画出复杂的图案，如卷草纹、团花纹、几何纹等层层递出，最外层则易方为圆，把四周垂角纹和流苏画成圆形，更具有华盖的真实感。在最外沿，圆形华盖与方井交会形成的四个岔角中，分别画出四身飞天。飞天身体修长而柔和，长长的飘带体现出他们

○ 飞天 第172窟龛顶南侧 盛唐

○ 飞天 第320窟南壁 盛唐

轻松的动态，简单的几朵彩云，衬托出他们无拘无束的身姿。有了
这些飞天，壁画的空间好像变得辽阔了。

　　第320窟南壁阿弥陀经变中的飞天最受人称道。画师在佛说法场
面的上部，以宝盖为中心，分两组各两身对称画出飞天。两组飞天
都裸着上身，穿着长长的锦裙，双脚藏在长裙中，结构单纯而完美。
左侧这一组，前面的飞天头梳双丫髻，双手上举，正在散花；她的
面庞微微向后，漫不经心地看着后面的飞天，长长的锦裙紧贴身体。
后面这身飞天双手高举，一条腿提起，一条腿伸直，动作强烈，好
像正努力追赶着前面的飞天。一紧张，一舒缓，对比统一，表现了
飞天的两个典型动态。

○ 飞天 第39窟西壁 盛唐

　　第39窟是一个中心柱窟，在西壁又开一个佛龛，内塑佛涅槃像。
这是一个绘塑结合的涅槃经变。佛经中记载，当佛涅槃之时，诸天
从天空散曼陀罗花等各种鲜花供养，于是在壁画中也画出了五身飞
天从天而降的情景。左右侧各有一身相对称的飞天身体下倾，飞速
而下。他们一手托着一盘鲜花，一手轻拈花蕾，一条腿正往前跨。
龛顶中央又有一身飞天，头朝下直落下来，两侧各有一飞天相对向
着中央飞来，双手都托着一盘花蕾，神情虔诚。这些飞天体态修长，
配合着长长的飘带更显得潇洒自如。他们的飘带都飘出了龛外，突
破了画面边界的限制，仿佛真的从龛外飞下来似的。

○ 飞天 榆林窟第15窟 中唐

　　中唐以后的飞天身体趋于肥胖，但仍表现出雍容的气质。如榆林窟第15窟前室窟顶的两身飞天，南侧的飞天身体较短，头戴花蔓冠，飘带翻卷得弯弯曲曲，表现出飞行速度较慢；北侧的飞天面含微笑，神态矜持，正弹奏着凤首箜篌。这两身飞天都表现出动作舒缓而娴雅的情态，与唐前期那种急速飞行的风格迥然不同。在莫高窟第112、158等窟，也可以看到类似风格的飞天。

　　敦煌壁画中飞天可以说是无处不在，画家们以极大的热情来描绘飞天，飞天的存在使严肃的宗教绘画变得富有情趣，生动活泼起来。

　　敦煌壁画在用飞天表现佛教内容的同时，也描绘中国传统文化中的内容，比如东王公、西王母及伏羲、女娲等中国传统神仙以及各种神兽的形象。

在西魏第249窟的窟顶，就出现了这种内容。南披画的是西王母及其侍从，北披画东王公及其侍从。东王公和西王母是中国传统的神话人物，根据《山海经》《淮南子》《穆天子传》《拾遗记》等书的记载，周穆王曾到西海会见西王母，这大约是中国皇帝最早与西方接触的事件，在中国历史上影响很大，以至在汉朝的画像砖、画像石以及墓室壁画上都保存着大量的东王公与西王母的形象，成为绘画史上的一个传统。有意思的是，在距敦煌不远的酒泉附近，发掘的丁家闸5号墓与此窟构造相一致。该墓室也是一个覆斗形顶，南北两披分别画出以天马和天鹿为中心的神怪，顶东西两披分别画东王公和西王母，他们坐在昆仑山上，头上部分别有日轮和月轮，周围有三足乌、九尾狐等神兽，下部还画出一列山峦。不同的是，莫高窟第249窟又增加了一些新的时代内容。画面上东王公乘龙车，前有仙人引导，周围还有羽人、飞天等；与他相对的西王母乘凤车，周围有飞仙、开明、文鳐等神兽。这些形象与古代文献记载的东王公乘龙车、西王母乘凤车的情况相符。

在窟顶东披画出两个力士托着摩尼宝珠，下方画有朱雀、玄武，这是中国古代分别象征南方和北方的神兽。在东、南、北三披分别画有一种长着十几个头的怪兽，这是表现古代传说中的天皇、地皇、人皇的形象。天皇十三首、地皇十一首、人皇九首，但在壁画中有时并没有完全严格地按这些数目画出。西披画的是阿修罗王，两侧

○ 西王母 第249窟窟顶南披 西魏

○ 东王公 第249窟窟顶北披 西魏

○ 摩尼宝珠 第249窟窟顶东披 西魏

○ 阿修罗王 第249窟窟顶西披 西魏

又画出风、雨、雷、电四神。风神身上有翼；雨师口喷云雾，化为大雨；雷公则是虎头人身，他周围有一圈鼓，据说他一运转连鼓，便会产生隆隆的雷声。在雷公身下的电神，也是兽首人身，手里拿着一支铁钻，能划出闪电。

此窟的南、北壁中部均绘说法图一铺，基本布局也一样：佛站在中央莲台上，两旁各有两身菩萨、两身飞天。最有意思的是在佛的上部画出的华盖：南壁说法图上的华盖中间装饰有饕餮形象，两侧各有一条龙；北壁华盖中央也有饕餮，两侧各有一条凤。龙、凤及饕餮都是中国特有的装饰图案，早在原始社会的玉器、陶器和商代

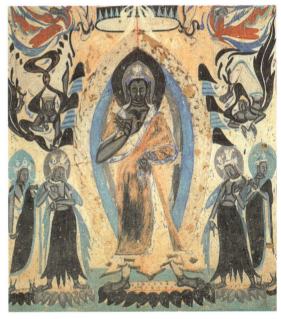

○ 说法图 第249窟 西魏

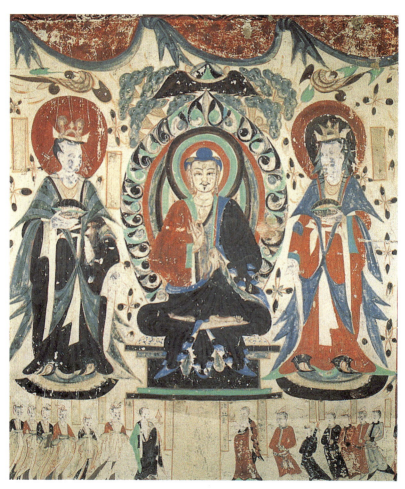

○ 说法图 第285窟东壁北侧 西魏

的青铜器中就已大量出现了，这里的装饰形象与窟顶一样，是民族传统的内容与外来佛教的结合。

第285窟主室也是方形覆斗形顶，正面开有三龛，中央开一大龛，内塑佛像，两侧小龛内各塑一禅僧，主室两侧各开有四个仅容一人的小禅室。这些都说明了这个洞窟的主题，即禅修的思想。北壁画有八铺说法图，每铺说法图下面都有一组供养人画像，并有墨书题记，根据这些题记，我们知道了此窟的开凿年代是大统四年（538年）和五年（539年），这是莫高窟最早有明确纪年的洞窟。说法图中除了第一组是二佛并坐外，其余六组均为一佛二菩萨的形式。令人瞩目的是，这些菩萨及其装束与北魏时期大不一样。早期的菩萨往往上身不穿衣服，仅披璎珞、飘带，体格健壮；而这里的菩萨个个身体苗条，面庞清瘦，双目炯炯有神，他们都穿着宽袍大袖的衣服，再加上丰富的飘带，更显得衣饰繁复。在菩萨的上部画有飞天，他们身体灵巧，神态活泼，使说法图充满了生气。每组说法图下都有一组供养人。供养人形象一般都是象征性地画出来，往往千人一面，但画中也不乏成功之作。如西边的一身女供养人是一个贵族妇女形象，她一手执香炉，一手托莲花，面佛而立，头梳双髻，眉清目秀，面染胭脂，身穿大袖襦，腰束蔽膝，两侧缀旒与披巾拂起，有飘飘欲仙之感。这一形象与顾恺之的《洛神赋图》中的洛神十分相似，显然受到南朝绘画风格的影响。供养人旁的题记记载了当时造窟的愿望及建成的时间，从题记中还可以知道供养人有汉族也有少数民族，反映了莫高窟艺术是敦煌的汉族和少数民族共同创造的。

○ 伏羲与女娲 第285窟窟顶 西魏

第285窟窟顶画风与第249窟有些接近，都有飞动的彩云和各种传说中的神怪。东披是伏羲和女娲，他们上半身是人形，下半身是兽形，与汉朝绘画中的形象一样。伏羲手持规，身上有一圆轮，内有金乌，象征太阳；女娲持矩，身上圆轮内有蟾蜍，象征月亮，周围也画有风、雨、雷、电四神和天皇、地皇、人皇等神。这些中国的神仙进入了佛教的石窟，反映了佛教对中国文化的兼容性，以及外来佛教与中国本土文化的融合性。

佛经故事画

佛教为了宣扬其教义，往往用一些浅显的故事来讲解很多深奥的道理；同时，为了强化佛教创始人释迦牟尼这一崇拜对象在信徒中至高无上的地位，十分重视对释迦牟尼的宣传。所以佛教寺院和石窟中，雕刻或绘制的有关释迦牟尼传记的故事（简称佛传故事）随处可见。敦煌壁画中主要有三类故事画：第一类是佛传故事，也称本行故事，主要讲述释迦牟尼生平事迹；第二类是本生故事，主要讲述释迦牟尼前世的故事；第三类是因缘故事，讲与佛相关的一些因果报应故事。佛教是讲轮回、讲报应的，认为现世的很多福或难，都与前世种下的"因"有关。虽然这些思想具有很强的迷信色彩，但许多本生故事最初是来源于古印度的民间传说或寓言故事，具有朴素的劝善惩恶的思想，今天看来仍然具有一定的积极意义。此外，还有少量的佛教史迹故事画，是讲佛教发展史上的一些高僧或某些地方的佛教圣迹的传说故事。

释迦牟尼本名乔达摩·悉达多，大约在公元前563年诞生于古印度的迦毗罗卫国，父亲是净饭王，母亲是王后摩耶夫人。关于悉达多太子的诞生，有着种种神异的传说。据说摩耶夫人梦见了一个菩萨乘六牙白象而来，于是有了身孕。按古印度的习俗，妇女生育当回娘家。于是怀胎将满十月之时，摩耶夫人在很多宫女的陪伴下回家，途中经蓝毗尼园，摩耶夫人觉得身体不适，便徐徐来到园中，当她手攀无忧树时，太子从她的右胁生了下来。原来，太子不愿使母亲受分娩之痛苦，就从腋下降生了。太子刚生下来就能行走，他走了七步，每走一步，脚下就生出一朵莲花。他用手指天指地说："天上天下，唯我独尊。"这时天上有九条龙喷洒甘露为太子沐浴。摩耶夫

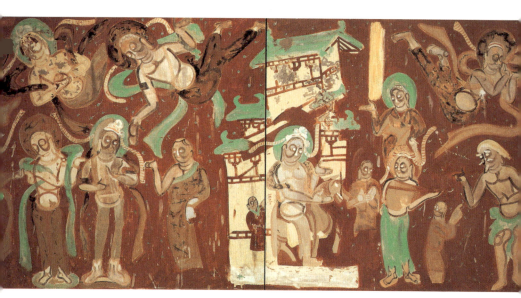

○ 出游四门 第275窟 北凉

人和太子回到宫中，净饭王非常高兴，为太子取名叫悉达多。

太子从小学文习武，受到很好的教育，并娶觉善王之女耶输陀罗为妻。他生活在宫中，享尽人间的快乐。然而，太子常常感到忧郁，因为他在城外出游时看到人间有疾病、衰老和死亡等诸多痛苦，陷入了苦苦的思索。这段经历称为"出游四门"。他想寻找一条解脱人间痛苦的途径，在29岁那年，悉达多决定出家修行。为了避免国王阻拦，他在一个夜晚离城，到山中开始了苦修的生涯。这一经历称作"逾城出家"。他每天只吃一点豆羹以维持生命，经过了六年的苦行，他感到苦修并不能解决问题，于是到尼连禅河洗尽了六年的污垢，并接受了牧女施舍的牛乳，慢慢地恢复了体力。当他在菩提树下沉思默想时，战胜了心中的一切魔障，突然间得到了大悟，从此，明白了人间的真谛。这件事称作"降魔成道"。他开始收徒讲学，宣扬他的理论，这就是"初转法轮"。他所主张的教义就是佛教。他被尊称为释迦牟尼，意思是释迦族的圣人。后人又称他为佛陀，意为大彻大悟的人。佛教创立后，发展并不是十分顺利，释迦牟尼不断地到各地说法，扩大佛教的影响。约公元前483年，释迦牟尼于拘尸那城的双树林中涅槃。

描绘释迦牟尼生平的佛传故事，大多是依据佛经中的有关记载来画的。佛经中往往把释迦牟尼神格化，带有很多神异的色彩。这也是敦煌壁画故事画的一个特色。在莫高窟时代最早的洞窟第275窟南壁就出现了佛传故事画，表现悉达多太子在出家前"出游四门"，分别遇见老人、病人、死人及僧人的情景，由于壁面损毁，只剩下三个场面。画中人物形象具有西域人物的特征，而城门的建筑则是明显的中国传统建筑形式，门楼的屋檐及斗拱等历历可见。

隋唐壁画中的佛传故事画大多选取一两个有代表性的情节来表现，如释迦诞生前摩耶夫人梦见白象的场面，称作"乘象入胎"。悉达多太子决定离家修行而骑马逾城的场面，称为"逾城出家"。这两个情节，一个象征着释迦牟尼的诞生，一个象征着释迦牟尼修行的开始，是壁画中最为常见的佛传场面。在隋及唐初的洞窟中往往在正面龛两侧分别画出这两个情节，具有装饰效果。如第57、209、329窟就是典型。一边是菩萨骑白象从空中而来，伴随着很多演奏音乐的天人；另一侧是悉达多太子骑马腾空而起，有四个小天人托着

○ 乘象入胎与逾城出家 第57窟龛顶 初唐

○ 乘象入胎与逾城出家 第329窟 初唐

马足，周围飞天散花飞行，气氛热烈。

降魔成道和初转法轮也是表现佛传的重要场面。前者表现释迦牟尼成道时，魔王波旬生恐释迦牟尼的成道威胁到自己，就率众魔军前来，企图杀死释迦牟尼。可是面对众魔围攻，释迦牟尼镇定自如，以神通力击败了魔军，使众魔伏首归降。表现这一主题的画面也称降魔变，在印度和犍陀罗的雕刻中很常见。敦煌北魏壁画中的降魔变在构图上完全继承了外来构图形式和形象性，如第254窟南壁上，佛安坐在中央，周围各式各样的妖魔手执各种武器，向佛袭来。画面下部描绘魔军败北后跪在佛前的样子，左侧还描绘了三个美女正对着佛陀搔首弄姿，而下部右侧则有三个面貌丑陋的老女人。这是表现魔王波旬见魔军不能战胜佛陀，便施美人计，企图以美女来诱惑佛陀。但释迦不为所动，并施神力，把美女变成了又丑又老的婆子。

初转法轮表现的是释迦牟尼成佛后到鹿野苑第一次说法的情景，也称鹿野苑说法。通常描绘佛在说法，佛前有两只鹿象征着鹿野苑，并有三个圆形的法轮。佛两侧画有比丘五人，代表最早跟随释迦的五个比丘，在北魏第260、263窟都画有初转法轮图，特别是第263窟壁画保存如新。

涅槃图也是佛传中的一项重要内容，释迦牟尼的涅槃意味着肉体的消失和灵魂的升华，从此进入不生不灭的状态，对于佛教来说，从此佛不再是一个实体的人物，而是一个永远存在的精神导师。因而涅槃就是佛教的最高境界。涅槃图在佛教艺术中具有十分崇高的地位，这一点与基督教艺术中描绘被钉在十字架上的耶稣一样，表

○ 降魔变 第254窟南壁 北魏

○ 涅槃图 第428窟西壁 北周

现的是同样一种宗教境界。北周第428窟西壁的涅槃图是莫高窟最早的涅槃图，其表现方法与中亚的佛教艺术一致，描绘佛安详地卧在双树下，周围有众多的弟子环绕，弟子们表情悲哀，大弟子迦叶抚足恸哭。全图充满了伤感的情调。

最完整地表现佛传内容的壁画当数第290窟人字披顶的佛传图，表现了从佛的诞生、出家直到成道为止的故事。如连环画一样，在人字披的两披各以三段长卷画幅相接续，共六段画卷，画出87个情节，可能是最长的连环画。画面线描流畅而清晰，色彩简淡，以建筑、山水为背景，人物造型简练，体现出早期壁画故事画艺术的成就。五代的第61窟也在南、西、北三壁的下部利用屏风画分割的形式，画出完整的佛传故事。它的内容更为丰富，从佛诞生之前的种种传说故事到佛涅槃，共画出128个情节，是莫高窟内容最为丰富的佛传故事画，在现存的佛教艺术中也是十分罕见的。画面中还可以看到当时社会生活的种种面貌，如宫中生活、歌舞宴乐、骑射比武、市井生活、农耕景象等，反映了中古社会的种种生活状况。

九色鹿本生故事本来是古印度流传很广的传说，佛教产生后，这个故事也编入了佛经中。故事讲的是在古代印度的恒河岸边，住着一只美丽的鹿，它的皮毛花纹灿烂，有九种颜色，所以称为九色鹿。

一天，九色鹿正在河边散步，突然听到河里传来一阵急促的呼救声。九色鹿循声跑去，只见一个落水的人正在激流中挣扎。善良的九色鹿见状，不顾自己的安危，毅然跳进激流中，游到落水人跟

○ 佛传故事 第290窟 北周

前，把那人背在背上，奋力游回了岸边。落水的人千恩万谢，跪在
九色鹿面前说："恩人哪，真不知道怎样报答您才好。"九色鹿平静
地说："不用感谢，但有一点请你答应我，就是你回去后千万不要把
我所在的地方告诉任何人。人们贪图我的毛皮，可能会加害于我。"
落水之人指天发誓说："我决不把您的行踪告诉任何人。如果违背誓
言，让我全身长满毒疮，痛苦而死。"当他回到城里时，看到城门口
贴着一张告示，很多人正在围观。原来这个国家的王后做了一个梦，
梦见一只十分美丽的九色鹿。醒来后，她要求国王把九色鹿捕来，
取下毛皮来为她做衣服。国王以为这只不过是一个梦罢了，未必就
真有九色鹿。但为了满足王后的要求，就叫人贴出一张告示，上面
写着：有知道九色鹿行踪者，国王愿意分一半的国土给他，并赏赐
金银无数。那个落水之人看到的正是这一则告示，在重金的诱惑下，

他变得无比贪婪，便忘记了自己的誓言，向国王报告了九色鹿所在
的地方。第二天，国王带着大批军队来到了恒河边的那一片树林。
九色鹿根本不知道大难快要降临，它正在林中午睡。当它的好友乌
鸦把它叫醒时，国王的军队已经将它团团包围了。九色鹿突然看见
落水的那个人在国王前面带路，马上明白了一切。它昂首走向国王，
对国王说："贤明的君主啊，我曾有恩于你的国家，为何却要杀我？"
接着它把前一天在恒河边救人的事一五一十地告诉了国王。国王听
了十分感动，他说："鹿为兽类，尚且知道善恶，而作为人，怎么能
做出此等忘恩负义的事？"于是下令，从此以后不许任何人伤害九色
鹿。那个落水之人自从告密以后，浑身长满了毒疮，发出恶心的臭
味，不久便痛苦而死。

　　这个故事画在莫高窟第257窟的西壁，画家采用了中国传统的长

○ 九色鹿本生 第257窟西壁 北魏

卷式连环画的形式，按两头到中央的顺序，详细描绘了故事发展的
经过，把九色鹿向国王陈述事情经过的场面画在中央，突出了九色
鹿正直善良的品格，它昂然挺立的形象给人以深刻的印象。

在莫高窟第254窟南壁还画出了"萨埵本生"的故事。古代印度
国王有三个儿子，最小的名为摩诃萨埵。一天，兄弟三人一起在山
林中游玩，返回的路上，发现一只母虎躺在崖下，已饿得奄奄一息，
旁边还有几只小虎，饿得嗷嗷直叫。三人都很同情，但谁也想不出
救助它们的办法。萨埵想找一些食物给老虎吃，但哥哥告诉他：老
虎只吃新鲜血肉，别的东西无济于事。于是萨埵太子暗自决定要救
活这些老虎。他让两个哥哥走在前面，自己悄悄地回到了老虎所在
的地方，躺在地上让老虎吃他。可是几只老虎饿得连咬他的力气也
没有了，萨埵很焦急，他找到一根木刺，爬到山崖上，用木刺刺破
喉咙，然后跳下山崖，落在母虎身旁。母虎和幼虎舐食萨埵流出的
鲜血，渐渐地有了力气，就把萨埵太子身上的肉吃光了。萨埵的两

个哥哥发现三弟不见了，慌忙返回山中寻找，却见山崖下只有一堆白骨，他们明白了萨埵为救老虎已经舍身，不胜悲痛，便匆匆回到王宫，报告了国王。国王和王后闻讯哀伤不已。两兄弟收拾萨埵遗骨，造塔供养。

这个故事情节十分曲折离奇，画家把故事的全过程画在一个方形的画面中。画的中心是三兄弟朝下观望，沿着他们的视线，我们看到右下侧有一只面目狰狞的老虎，正在啃咬一个横躺着的人，这是全画面的中心；右侧描绘萨埵太子刺项、跳崖两个持续性的画面，正与"饲虎"这一场面衔接起来，使画面充满了悲壮的色彩；左下侧画萨埵父母抚尸恸哭，更烘托了画面的悲剧气氛。整个画面结构紧凑，色彩强烈，在视觉上给人以戏剧效果，是早期故事画的优秀之作。

同样的内容也被画在北周第428窟东壁。在这里，画家通过上下三段的长卷式画面，把萨埵太子与二兄离家、进山、见虎、饲虎直

○ 萨埵本生 第254窟南壁 北魏

○ 萨埵本生 第428窟东壁 北周

到造塔供养共14个情节——详尽地画出来，这种连环画的形式虽然不像第254窟画面那样集中、强烈，但却描绘具体，明白易懂，所以北魏以后的壁画，连环画形式更为流行。

在北魏第254窟北壁有一幅"尸毗王本生"，描绘古代一个叫尸毗王的国王乐善好施，立誓普救众生的故事。

一天，一只老鹰追逐一只鸽子，鸽子生命危急，飞来飞去无处藏身，便来到了尸毗王的身边，请求尸毗王保护它。这时，老鹰已经追来，向尸毗王要鸽子。尸毗王说："我立誓要拯救一切生灵，希望你不要吃这只鸽子。"老鹰说："我今天如果不吃鸽子，便会受饿而死，你为何只救它却不救我呢？"尸毗王说："我给你其他的食品吧。"老鹰说："我只吃新鲜血肉，其他一概不吃。"尸毗王想到自己的誓言，既要救鸽子，又不能害了别的生灵，于是决定用自己的肉来换取鸽子的生命。他叫左右拿刀来，割自己腿上的肉给老鹰。老鹰对尸毗王说："既然大王要用自己的肉代替鸽子，我也不敢贪多，就请用秤来称够与鸽子同样重量的肉吧。"尸毗王又让人找来一把秤，一头放鸽子，一头放从自己身上割下的肉。说来也怪，国王腿上的肉已经割尽，又把身上的肉割完，还达不到鸽子的重量。国王想到自己的誓言，为了彻底救助这只弱小的鸽子，毅然举身坐上了秤盘，决定把全身都施舍给鹰。这时天地震动，诸天神为尸毗王撒下鲜花，割下的肉一下子都复还于国王身上。只见帝释天与大臣满面笑容地站在国王面前说："恭喜你成就了无上正果。"原来帝释天为了检验尸毗王对于施舍是否真诚，便与大臣分别变为老鹰和鸽子来试

○ 尸毗王本生 第254窟北壁 北魏

验，果然尸毗王于忍辱、施舍都意志坚定，符合佛教修行的要求。

　　壁画上，画家着力刻画了尸毗王这一形象，他头微向前倾，表现出慈祥大度而又无所畏惧的精神。他一手托着鸽子，一手扬起阻挡老鹰。在他的左侧，一个面目凶狠的人一手操刀，一手用力取肉；右边一人，一手提着秤，秤的一边放着鸽子，一边则是坐着的尸毗王。周围画出国王的眷属们悲伤痛哭，更衬托出国王的安详与平静。

　　"睒子本生"讲的是一个关于孝道的故事。古代迦夷国有一对长

172

者夫妇，他们双目失明，幸而晚年得子，取名睒子。睒子长大后对父母十分孝顺。长者夫妇早就向往着到远离城市的山中过清净的修行生活，当儿子长大能够照顾父母时，他们一家便住到深山里去了。睒子与周围鸟兽和谐相处，每日到溪边汲水，专心侍奉父母。一天，睒子身披鹿皮衣，去溪边汲水，这时迦夷国国王正好带兵到山中打猎，见溪边有不少野鹿，就弯弓射箭，没想到却射中了正在溪边取水的睒子。睒子惊叫道："你一箭射杀了三道士啊！"国王见射中了人，心中十分后悔，忙到跟前看望，听了睒子的话却十分不解，便问睒子，睒子说明了盲父母将无人照顾，难以在山中生活，说完便死了。国王非常难过，表示要代睒子养活盲父母，便亲自到盲父母处说明情况。睒子的父母随国王来到睒子死去的地方，失声痛哭。他们的哭声感动了天帝，于是天帝派人救活了睒子，并使盲父母双目复明。

这个故事画在北周第461、438、299窟都有描绘，其中第299窟的画最具代表性。画在窟的顶部北侧沿藻井边缘的一条长画卷形式的壁面上，故事由两头向中间叙述，左侧由左至右描绘迦夷国国王在宫中、乘马出行、射猎及睒子中箭等情节。右侧则由右至左描绘睒子在山中侍奉父母，国王引盲父母到溪边，盲父母抚尸痛哭等场面。故事的结尾放在画面的中央，突出了睒子的形象。

"善事太子本生"故事画在北周第296窟的窟顶。古代宝铠国国王有两个儿子，一名善事，一名恶事。善事太子心地善良，常常把国库打开，把宝物施舍给穷人。可是，时间长了，国库渐渐空虚，

○ 睒子本生 第299窟窟顶 北周

○ 善事太子入海 第296窟窟顶 北周

大臣们颇有议论。善事太子感到应该想一个更好的办法，让人们都能得到财富。这时，有人告诉他在海底龙王处有如意宝珠，要什么就有什么。善事决定到大海里去找如意宝珠，这时恶事也想跟着去，于是善事与恶事辞别父母，分别乘两条大船向大海深处进发。路上遇到了金山、银山，贪婪的恶事搬了很多金银上船，结果船载过重而倾覆。而善事太子坚持向前进发，在盲导师的带领下，经过很多艰难曲折，终于到达龙宫，向龙王求得如意宝珠。善事太子返回途中在一个岛上与恶事相遇，兄弟俩共述别离之情。恶事见善事取得宝珠，心生嫉妒，趁善事睡着的时候，用毒刺刺瞎了善事的双眼，抢走了宝珠，独自先行回国，又编造谎言，说善事太子已死，自己取得了宝珠。善事在梦中突然被刺瞎双眼，却不知是恶事所为。过了很久，有一牧牛人赶牛而过，牛用舌头舔出善事眼中的毒刺，善事太子随牧人来到了利师跋国，他请牧牛人帮他做了一把琴，他每天在街上弹琴卖艺为生。不久，国王果园的人见他可怜，就让他帮助看管果园，善事太子用绳子系上铃，每听到鸟声，就拉铃赶鸟，闲时就在树下弹琴自娱。利师跋国王有一个美丽的公主，她到果园散步时，听到善事太子的琴声十分动人，就常常来听善事弹琴，并与善事聊天，日子久了，她渐渐爱上了这个盲人。可是国王不同意他们结婚，公主却十分坚定，国王只得同意，让他们结婚了。大家后来才知道善事太子的来历，非常惊喜，原来之前公主就已许配给了宝铠国的善事太子。于是，国王派很多人护送善事太子回国。这个故事画以两段横卷式画面由右至左的顺序表现，共描绘了42个情节，其中太子出游、施舍以及耕作、渔人捕鱼、乘船航海等场面都表现得细腻而富浓厚的生活气息。

五百强盗成佛的故事，也叫"得眼林"故事。

古代印度某国有五百强盗经常抢劫作乱，后来国王派官兵与强盗激战，终于把五百强盗全部收捕，处以极刑，有的剜眼，有的割鼻。强盗们在树林中痛苦哀号，哭声惊动了天上之佛，于是佛以慈悲心从天而降，为他们说法，使他们悔悟而争相皈依佛门。佛就撒下神药，使他们的伤口愈合、眼睛复明。五百强盗改邪归正，努力修行，终于个个都修成了正果。

这个故事表明即使是作恶多端的强盗，只要放下屠刀，也可以立地成佛。在莫高窟第285窟和第296窟都画有这一故事。西魏时期的第285窟南壁，以长卷式连环画的形式描绘这个故事，画面从左至右绘出了官军与强盗作战，强盗被捕、受刑、山中流放，佛为其说法，五百强盗皈依等情节。画家不仅画出了人物，而且对周围的环境也很注意，画出了高大的楼房，远处的山峦、树木和水池，以及在山中的禽兽等。特别是佛为强盗说法的场面，画出了山丘环绕的水池，池中绿水荡漾，还有鸭子、鹭鸶等水禽；山中可见鹿、狐狸等兽类；在佛的身后是一片翠竹。抛开故事内容，我们看到的完全是一幅情趣盎然的山水画。佛说法时的平和美丽的气氛与画面表现的官军与强盗作战的残酷场面形成鲜明的对比，具有很高的艺术性。第296窟南壁也描绘了同样的内容，也是采用长卷式的画面，自右至左详细表现了官军出征、与五百强盗激战、俘获强盗、对强盗处刑、

○ 五百强盗成佛图 第285窟南壁 西魏

强盗悲鸣、佛对强盗说法、强盗皈依等情节，画面强调与强盗的战斗和处刑，有意炫耀王权的力量。

佛教初传中国的时候，讲究修六度（也称六波罗蜜，指布施、持戒、忍辱、精进、禅定、智慧等六种修持内容），因此，壁画中充满了关于施舍、忍辱和牺牲精神的本生故事，有的故事很难为中国人所接受。

南北朝时，儒、释、道之间经历了长时间的斗争，北魏武帝和北周武帝的时候，就曾采取了大规模的灭佛行动，拆毁寺院、破坏佛像、迫使僧尼还俗等，给佛教以沉重的打击，使佛教不得不采取更为灵活的措施来适应中国的文化环境。为了与儒家思想妥协，宣扬孝道的故事也就多了起来，于是佛教快速地与中国传统文化相融合。敦煌壁画中故事画的发展也反映了佛教历史上的这一史实。由于佛教需要描绘大量的故事画，也刺激了中国故事画艺术的发展。

经变画艺术

经变画就是概括地表现一部佛经的主要内容，情节较多、规模较大的画。它不像佛经故事画那样单纯地表现一个有头有尾的故事，而是综合地表现佛经所记的场面。佛经主要是讲述佛教哲学理论的，有的佛经包括多个故事，有的则没有故事情节。在佛教传入中国的初期，讲述故事的佛经流传较多，佛教也需要通过浅显易懂的形式来宣传其基本理论。隋唐以后，佛教在中国已经很流行了，佛教理论性的经典更受到重视，于是在佛教壁画中也就流行起经变画了，很多经变画仅仅表现佛说法的场景，表现佛所在的净土世界。

根据经变表现形式，大体又可分为两个类型：一是叙事性经变，一是净土图式经变。叙事性经变往往有一定的故事情节，或者以一定的情节为中心来表现佛经教义，具有故事画的某些特征。画面可以按一定的顺序来看，如出现较早的涅槃经变、维摩诘经变就属于此类。净土图式经变则是以佛所在的净土世界为中心，表现佛教净土世界的种种场面。虽说有的经变也有故事情节，但故事的画面不占主要地位。代表性的经变有阿弥陀经变、观无量寿经变、弥勒经

○ 劳度叉斗圣变（复制） 第196窟 盛唐

变、法华经变等。唐代以后的石窟通常都在左右两侧壁及门两侧各
画出通壁巨制的经变。中唐以后，经变画的种类越来越多，往往在
一壁之中并列画出二至三铺经变，五代的一些大型洞窟还有在一面
壁上画五铺经变的情况。唐代前期的经变画充满活力，画家们在经
变中充分显示自己的创造力，经变画也体现着唐代壁画艺术的最高
成就。唐代后期，由于敦煌与中原地区在文化上的联系远不如从前，
经变画的表现逐渐形式化，但仍然出现了一些新的经变画，如报恩
经变、劳度叉斗圣变等。五代以后，经变画明显地走向衰落。总之，
经变画是唐代以后敦煌壁画的主要题材，在石窟中占有举足轻重的
作用。经变画也是中国式的佛教艺术的代表，体现着中国人对佛教

的理解和审美观。

涅槃经变主要是根据《佛说大般涅槃经》绘制的，在北周壁画中就已出现了作为佛传故事中一个场面的涅槃图，到隋唐时期则形成了规模宏大的涅槃经变。初唐第332窟的涅槃经变是较典型的绘塑结合的大型涅槃经变。它建于武则天时代的圣历元年（698年），是一个中心柱窟。在南壁高3.7米、长6米的壁面上配合涅槃像绘制了内容丰富的经变。画面从右下部开始，向左发展，然后由左向右，共描绘了九组情节：

1.释迦临终说法。释迦牟尼结跏趺坐，手作转法轮印，为弟子们宣讲涅槃理论，周围众菩萨弟子及天龙八部聆听佛的最后一次说法。在画面的上部还画了一座大山，山下有一比丘与一婆罗门对话，这时佛弟子迦叶从耆阇崛山赶来，途中向婆罗门询问释迦牟尼的病情。

2.画释迦牟尼躺在娑罗双树林中的七宝床上，众弟子焦急地围在释迦牟尼周围，询问佛是否涅槃。

3.表现释迦牟尼于夜半时分入般涅槃，佛弟子们痛不欲生，哽咽流泪。拘尸那城的男女老少都来到佛所在的地方，悲痛流泪。佛弟子密迹金刚闷绝于地，须跋陀罗先佛入灭。

4.拘尸那城的人们按转轮圣王的规格入殓释迦牟尼圣体，做成了用七宝镶嵌的金棺，众弟子菩萨等围绕金棺礼拜举哀。

5.佛母摩耶夫人听说释迦牟尼涅槃，匆匆自天而降，十分悲伤。释迦牟尼听到了母亲的说话声，便从金棺中坐起，为母亲讲涅槃的意义。

6.诸比丘抬着金棺出殡，前有八菩萨持幡引路。众菩萨、弟子及天龙八部等送葬。

7.佛棺焚化，众菩萨弟子及佛母在旁哀悼。在画面的右下方还画出三个比丘手舞足蹈，这是表现一些不守戒律的比丘，幸灾乐祸，以为佛涅槃后再不会有人来管教他们了。

8.八国王为争舍利而战斗。佛经上说，佛于拘尸那国涅槃后，以摩竭国国王阿阇世为首的七个国王带兵前来，求分舍利，遭到拒绝，于是各自兴兵作战。画面右侧画出七人各骑战马，手执长矛奋勇冲杀，生动地表现出一幅古代战争图。

9.经一位婆罗门调停，八王平息了战争，均分舍利，各自造塔供养。

这则经变按一定的顺序描绘故事，继承了早期故事画的方法，

○ 出殡图 第332窟南壁涅槃经变 初唐

181

但全画在一个完整的山水背景中展开，构图统一。人物、场景也不是画在固定的画幅中，而是根据具体场面安排大小，使全局统一，表现出宏大的空间关系。

盛唐第148窟是完全以涅槃经变为主题的洞窟，洞窟主室形制为横长方形，这样的洞窟形制也称作涅槃窟。正面有一高1.4米的佛床，在佛床上面塑出长达14.4米的释迦牟尼涅槃像，塑像经后代重修，已失去盛唐风韵。佛像后面还有清代塑的73身佛弟子像。后壁和两侧壁画出了规模更为巨大的涅槃经变。壁面高约2.5米，总长达23米。单从面积来说，这铺涅槃经变可能是现存最大的涅槃经变，主要描绘了10组画面，包括66个情节，出场人物达500多个。由南

○ 焚化 第148窟涅槃经变 盛唐

○ 八王争舍利 第148窟涅槃经变 盛唐

○ 八王均分舍利 第148窟涅槃经变 盛唐

壁向西壁然后向北壁，按顺序画出释迦牟尼涅槃以后的诸多情节内容。主要的情节与第332窟一致，又增添了不少细节内容，刻画更为细腻。如第二组画面表现"纯陀供养"，讲的是佛接受了纯陀等人的供养，食后因为背痛而入般涅槃。这一情节是第332窟没有的。在表现出殡时，描绘出巍峨的中国式城郭建筑，十分写实。八王争舍利的情节并没有表现八王战争，而是表现七王来求分舍利，被拒绝悲愤而还的情景。画面中拘尸那城城门紧闭，戒备森严，七国王在城外想要舍利，城中停放着释迦金棺，帝释天从中取出佛牙舍利回天上供养。总之，第148窟的涅槃经变内容丰富，表现细腻而生动，每个情节都描绘了众多的人物形象，并画出相关联的山水、城郭、道路等景观，更增强了写实感，特别是山水树木的描绘反映了唐代青绿山水画的成果，成为美术史上重要的作品。

中唐的第158窟与第148窟一样，也是一个涅槃窟，佛床上塑出长达15.6米的涅槃佛像，洞窟南面塑出过去世迦叶佛，北面塑出未来世弥勒佛，它们与主尊涅槃像共同组成过去、现在、未来"三世佛"。在佛像身后有众多的菩萨和弟子形象，这里的涅槃经变没有详细描绘各种故事情节，而是重点突出南壁的众弟子举哀图，北壁的各国国王、王子举哀图。南壁画面中，迦叶满眼泪痕，张口大哭，双手高举，身体前倾，身旁两弟子担心他倒地而将他拦住；阿难则一手遮耳，痛哭失声，其他几个弟子也都悲痛欲绝。北侧壁画中表现出各国国王和王子的悲伤表情，有的握剑剖腹，有的刺胸，有的割耳。这正反映了古代西域各民族悲痛时的不同表现。这些生动的

○ 各国王子举哀图　第158窟北壁　中唐

场面给人留下了深刻的印象。

《涅槃经》是大乘佛教十分流行的经典。佛教认为涅槃是一种崇高的境界，因此，从印度、中亚到中国的佛教艺术中，出现了很多表现涅槃经的雕刻和壁画。莫高窟共有14个洞窟画有涅槃经变，很多都是绘塑结合的，塑出涅槃像又在相应的位置画出经变。像第332、148窟这样的大型涅槃经变，在世界佛教艺术中也是十分罕见的。

维摩诘经变是根据《佛说维摩诘经》绘制的。佛经上说，维摩诘是个神通广大、能言善辩的居士，他不出家，却精通佛理。他经常在家称病，当人们去探望他时，即向人们宣讲他的大乘佛理。经变画通常以佛派弟子去探望维摩诘这一事件为中心来展开。由于维摩诘善于辩论，佛的十大弟子都不敢前往，佛就让"智慧第一"的文殊菩萨率众到维摩诘的住所，于是产生了一系列戏剧性情节。先是佛弟子舍利弗暗自思忖：如此众多的人，哪儿有这么多的坐具？维摩诘心知舍利弗所想，即运用神通，须弥灯王便遣来了32000张狮子宝座，进入方丈而不觉拥挤，这就是令人瞠目不解的"室包乾象"。维摩诘请众菩萨、弟子升座，道行较高的菩萨都能入座，舍利弗惭愧地说："此座太高，我不能升。"维摩诘道："你只要给须弥灯王行个礼，即可升座。"众弟子不得已，只好给须弥灯王合十行礼，才升上座。时至日中，佛弟子暗想：大家都饿了，到哪儿去吃饭？维摩诘已化菩萨到香积佛处借来一钵香饭。又有佛弟子心中嘀咕：这小小一钵饭能够谁吃？菩萨转过头，倾饭于地，顿时，香饭如山，饭香四溢，众人饱食，皆大欢喜。舍利弗问维摩诘："你从何处死后来到这里？"维摩诘反问道："你学的佛法有生死吗？"这时，佛告诉弟子：维摩诘来自妙喜国无动如来世界。原来维摩诘舍弃清净国土，来到不净的世界，是为众生消除烦恼。于是，大家都想见一见妙喜世界的样子。维摩诘一伸手，掌中现出妙喜国，其中有铁围山、须弥山等，山上有天宫，里面有不动如来和菩萨，下面有溪谷、河流、大海、日月星辰、城邑村落和人们生活的情景等等。佛弟子惊叹不已。

由于维摩诘以智慧善辩著称，又可以不剃度出家而自由地在家修行，深受中国士大夫的喜爱。魏晋以来，《维摩诘经》在中国十分流行，石窟中也大量出现雕刻或壁画形式的维摩诘经变。中国现存最早的有明确纪年的石窟，即甘肃省永靖县的炳灵寺石窟，在开凿于公元420年的第169窟壁画中就画出了维摩诘与文殊菩萨，北魏的云冈石窟、麦积山石窟等都有维摩诘经变的雕刻或壁画。

莫高窟共有68个洞窟表现了维摩诘经变，最早出现于隋代洞窟，唐代以后，就十分流行了。隋代洞窟通常是在佛龛两侧分别绘出维摩诘和文殊菩萨，如第276窟佛龛北侧画出手持麈尾、作辩论状的维摩诘形象，南侧画出文殊菩萨形象。唐代以后，维摩诘经变的规模

○ 维摩诘经变 第335窟 初唐

更大，内容更为丰富，维摩诘与文殊菩萨周围往往描绘出众多的菩萨、弟子及世俗人物，表现出各种相关的情节。如初唐第332、335窟分别在北壁画出通壁巨制的维摩诘经变。还有不少洞窟中把维摩诘经变画在门两侧壁上，如第220窟东壁门两侧分别画出维摩诘与文殊菩萨；南侧是维摩诘坐在帐中，手持麈尾，双目炯炯有神，神情激昂，沉浸在论辩的气氛中；香积菩萨托钵跪在前面，下面是各国王子听法的场面，上部则画出妙喜世界；门北侧是文殊菩萨和弟子、菩萨以及帝王、大臣听法的场景。画中最有意义的是一位中国的帝王在大臣们的簇拥下向维摩诘走去。皇帝戴冕旒，着衮服，两手伸

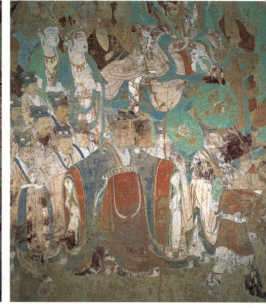

○ 维摩诘 第220窟东壁 初唐　　○ 帝王图 第220窟东壁 初唐

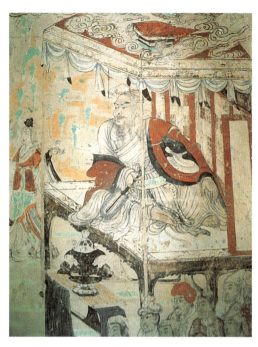

○ 维摩诘
第103窟东壁
盛唐

开，仪态雍容，大臣们前呼后拥，显出至尊气派。这一形象与唐朝
画家阎立本所画的《历代帝王图》中的帝王很相似，但在整体气势
上则远远超过了阎画。各国王子的形象，包括南海、昆仑、波斯及
西域各国的人物，相貌、服饰各不相同，大体上反映了唐朝与周围
各族、各国的交往情况。

　　盛唐第103窟同样是把维摩诘经变画在东壁门两侧，南侧的维摩
诘凭几而坐，身体略向前倾，手持麈尾，目光直视对手。画家以劲
健的线描造型，微施淡彩，勾勒出一个气宇轩昂、雄辩滔滔的清谈
家风采。维摩诘下部画出穿着不同服饰的各族王子形象。北侧的文

殊菩萨端坐于高座上，表情恬静，一手执如意，一手向前打着手势，表现出从容论辩的样子。文殊身后的佛弟子们相互之间悄声说话，下部则画出中国帝王及大臣们听法的情景。

中唐时期，由于吐蕃占领了敦煌，这时的维摩诘经变中描绘各族王子的场面，一般都以吐蕃赞普的形象为首，形成了这一时期维摩诘经变的一大特点。如第159窟东壁门的南北两侧分别绘制以维摩诘和文殊菩萨为中心的众多人物，在南壁维摩诘的下部，画出吐蕃

○ 吐蕃赞普供养图 第159窟东壁 中唐

赞普头戴红毡高帽，身着虎皮翻领袍，腰系革带，佩长剑，右手持香炉立于一个方台上，身后还有侍从替他打着曲柄华盖。前面有一人持香炉，两人作前导，后面跟随着吐蕃大臣和其他民族的人物，这样的排场不亚于中原帝王，正好与北侧文殊菩萨下面的中原帝王形成分庭抗礼的态势。另外，第159窟的维摩诘经变中，上部描绘维摩诘与文殊对谈的大场面，在下部则以屏风画的形式画出一些有趣的情节，如东壁南侧维摩诘的下部，画出阿难乞乳的场面。佛经上说释迦牟尼卧病在床时，佛弟子阿难持钵外出，为佛乞乳，遇上了维摩诘，维摩诘告诉阿难说："要是外道知道了，恐怕会耻笑释迦牟尼连自己的病都不能治，又怎能普度众生呢，你还是赶快回去吧。"这一场面在壁画上则表现为阿难托钵在一旁等待，一妇人正在母牛身下挤奶，旁边一头小牛正要向母牛走去，一个小男孩拼命拉住小牛，母牛回头看着小牛，生动地表现出一种舐犊之情。在东壁北侧的文殊菩萨的下部，还画出了维摩诘到赌博的地方劝化人的故事，画面中有四个人围在一起赌博，维摩诘站在左侧观看，中间一人身穿蓝色衣服，双手叉腰，满脸凶相，右侧一人正举手掷骰，神情战战兢兢，唯恐输了。壁画生动地再现出古代市井赌徒的面貌。

晚唐以后，维摩诘经变的构图形式没有太大的变化，人物形象流于形式，不够生动，只是在画面中穿插了很多细节，全图看来有些琐碎。榆林窟第32窟（五代）的维摩诘经变在构图上有些变化，采用通壁绘制，中央画出须弥山，表现维摩诘为人们展示的妙喜世界三十三天景象，左右两侧对称画出文殊菩萨与维摩诘，周围穿插有关的故事，其中还有两人对弈的画面，这是最早出现的中国古代围棋对弈的画面，对中国体育文化的研究具有重大意义。

　　弥勒信仰在佛教传入中国的初期就已流行。南北朝时期，不仅石窟和寺院，许多单独的造像碑也多刻弥勒菩萨的形象。但内容丰富的弥勒经变则是在隋代以后才流行起来的。有关弥勒的佛经有很多种，主要流行的有《佛说观弥勒菩萨上生兜率天经》和《佛说弥勒下生成佛经》。隋代的弥勒经变多描绘弥勒在兜率天宫说法的情景，这是表现《弥勒上生经》的内容。唐代以后，往往把《弥勒上生经》与《弥勒下生经》合起来，重点描绘《弥勒下生经》的内容。《弥勒上生经》主要讲弥勒降生于波罗奈国的婆罗门家，十二年后入灭，投生到兜率天，成为"一生补处菩萨"，在净土院为诸天说法。《弥勒下生经》主要讲弥勒菩萨从兜率天宫下世，以善净为父，以净妙为母。成道后教化众生，举行过三次规模宏大的讲法活动，化度数万人，称作"弥勒三会"。释迦牟尼涅槃之前，曾将自己的袈裟交给大弟子迦叶，并嘱咐道：未来当有弥勒佛降世，他将接替我教化众生，你可把这袈裟转呈给弥勒佛。弥勒成佛后，引众人到迦叶禅定之处，唤醒了深入禅定的大迦叶，于是迦叶把释迦牟尼的袈裟送给弥勒。所以，弥勒成为继承释迦牟尼的未来佛。在弥勒世界，路不拾遗，夜不闭户，每天夜里有龙王洒水，罗刹扫地；还出现"一种七收""树上生衣"等奇迹，人们用力甚少，收获甚多；人寿八万四千岁，妇女五百岁才出嫁；老人自知寿尽，便入墓室平静地死去，没有痛苦。

　　唐代以后的壁画中，画家们更热衷于描绘《弥勒下生经》中的种种景象，因为这些内容与现实生活更为贴近，使弥勒世界更具体可感。敦煌壁画中的弥勒经变共98铺，仅唐代就有65铺，说明弥勒经变深受人们喜爱。初唐第329窟北壁的弥勒经变，上半部约三分之一的画面为上生经变。经文说：兜率天宫有五百亿天子，为供养弥勒菩萨，建造了华丽的宫殿，又脱自身摩尼宝冠化成供具，并从宝冠中变现出宝宫、宝树、龙王等异相。壁画中弥勒菩萨头戴宝冠，作善跏坐，两侧立有胁侍菩萨，身后是五百亿天子所造的宫殿，前面有众菩萨及天子、神王等。下半部约三分之二的画面是下生经变，主要描绘弥勒降世成为未来佛后，广度众生，以及弥勒世界的美妙景象。画中绿水荡漾，莲花盛开，亭台楼阁，矗立其间。台上弥勒佛在中央说法，诸天圣众在周围听法。下部平台上，儴佉王正剃度出家。图中下部中央置一几案，上陈七宝，两侧画出正在剃度的男男女女，后面有乐队奏乐。整幅经变画三座平台，中间有流水分隔，又有小桥通连，构图层次分明，色彩亮丽单纯。

　　盛唐以后的弥勒经变，内容更为丰富，并形成了与其他经变画不同的格局。如第445窟北壁的弥勒经变，中央上部画出弥勒所居的须弥山和兜率天宫，山前是弥勒佛说法及众天人围绕的情景，在画面的两侧及下部穿插表现弥勒世界的各种景象，中央下部以较大的画面，描绘儴佉王及眷属们剃度出家的情景，真实地表现出男女老少剃度时的不同表情。在剃度场面左侧下部，还画出了婚礼图，这是为了表现经中所说"女人五百岁出嫁"的内容。在一个大院的外

弥勒经变 第329窟北壁 初唐

○ 剃度图 第445窟 盛唐

○ 婚礼图 第445窟 盛唐

面，有一个巨大的帐篷，新郎新娘和众多的宾客正在里面欢宴，有一人正在跳舞。这一场面正反映了唐代婚俗中新婚之日，于户外搭"青庐"的习俗。在画面的右上部还画出了农夫辛勤耕作和收获的场面，这是表现经中所说"一种七收"的内容。

盛唐第33窟南壁的弥勒经变在构图上更集中，中央部分描绘弥勒说法的场面，上部表现上宽下窄的须弥山，山上各种宫殿楼阁，山下是大海，周围则描绘各种世俗生活的场面，把天上与人间明确地区别开来。中央下部也绘儴佉王及眷属们剃度出家的情景，在画面左上部描绘了在一个大帐子中举行婚礼的情景。新郎新娘向坐在右侧的双亲礼拜，新郎伏身跪地而拜，而旁边的新娘则欠身行礼。这也是唐代的风俗，即结婚典礼中，向双亲参拜时，男跪女不跪。画面右上部画的是农民耕作的情形，下侧一农夫赶着两头牛犁地，上侧画两个农夫正在收割庄稼。在耕作图的下部画一座城，城上部一条龙翻卷着乌云，正在下雨；城外一罗刹鬼在扫地，表现的正是弥勒所在的翅头末城的情景。

弥勒经变的很多场面与现实生活十分贴近，深受人们喜爱。盛唐以后的弥勒经变中，如剃度、婚嫁、耕作等场面成了必不可少的内容，而且随着时代的变化往往有着相应的变化。如中唐时期，吐蕃统治了敦煌一带，于是在榆林窟第25窟的弥勒经变中，婚嫁图描绘了藏族妇女与汉族男子结婚的场面，反映了古代敦煌地区多民族共同生活的历史。这些都成为记录古代社会生活的典型画面。

阿弥陀佛的信仰是大乘佛教中最流行的信仰之一。小乘佛教认

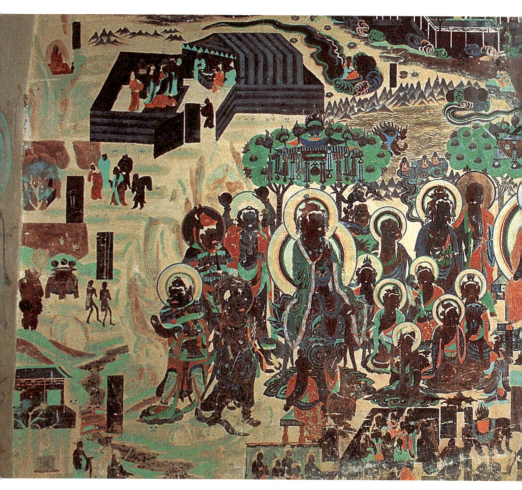

○ 弥勒经变 第33窟南壁 盛唐

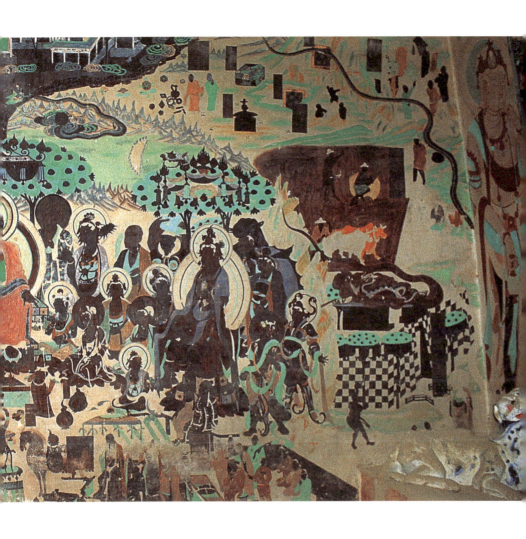

为，一个人即使累世修行，有了善根，最快也要经过三次轮回转世才能成佛。而大乘佛教则认为，人人皆可成佛，而且还有一个最简便的修行办法，就是念佛，只要念阿弥陀佛，就可以进入西方净土世界。于是大乘佛教信仰迅速地在中国南北大地流行起来。阿弥陀佛也译作无量寿佛，崇奉阿弥陀佛的经典主要包括《阿弥陀经》《无量寿经》《观无量寿经》，也称"净土三经"，净土宗就是以这三经为宗旨的宗派。

根据《阿弥陀经》《无量寿经》和《观无量寿经》绘制的经变，主要描绘了阿弥陀佛所在的西方净土世界，所以都可以称作西方净土变。但在壁画中，这三种经变也有很多细微的区别。根据佛经，西方净土世界也就是极乐世界，在这个世界中，没有痛苦，只有快乐，人们丰衣足食，所需物品，皆得满足，也没有劳作之苦。阿弥陀佛与观世音、大势至菩萨生活在这里，有天人作音乐舞蹈，一片歌舞升平的气象。通常人是胎生的，而进入西方净土世界则要从莲花中生出来，称作化生。化生表明进入净土世界，到了不生不灭的境地。

唐代以后，净土信仰流行全国。贞观十五年（641年），净土宗大师善导就在长安绘制了300幅阿弥陀经变，后来武则天以此为蓝本，制造了400幅阿弥陀净土的大绣帐。在这种风气的影响下，莫高窟也绘出了大量的西方净土变。经专家研究，敦煌壁画中能确认的阿弥陀经变有38铺，无量寿经变有38铺，观无量寿经变有84铺。其他还有60多铺简略的净土变，目前还不能确认是哪种净土变。

敦煌北朝壁画中就已绘制了无量寿佛说法图，但作为经变的形式则是唐代以后才流行起来的。无量寿经变与阿弥陀经变的区别在于无量寿经变强调"三辈往生"，即根据生前修行所积累的功德高低，在进入西方净土世界时，就分为上辈、中辈和下辈的不同等级，在壁画中是通过莲花化生的形象来表现的。无量寿经变主要通过巍峨的宫殿建筑来表现净土世界。

初唐第220窟南壁的无量寿经变，中间画碧绿的水池，这是表现佛经所说的七宝池、八功德水。在水池中有朵朵莲花，莲花上面坐着的儿童就是化生；还有一些透明的莲蕾，可以看到也有儿童在其中，说明这些化生要进入净土世界还需一段时间。无量寿佛坐在水池中央的莲花座上说法，两侧是观世音、大势至菩萨，周围有众多的听法菩萨。上面有不鼓自鸣的天乐，下面的平台上有两身舞伎在小圆毯上翩然起舞，其两侧还各有一个乐队。画面以佛为中心，人物众多，但神形各异，有主有从，繁而不乱。用色以青绿为基调，配色不多却华丽灿烂。画家对人物的动态和衣服的质感表现得非常细腻真切。

阿弥陀经变一般没有化生，但很注重表现华丽的宫殿楼阁，如第329窟南壁的阿弥陀经变，描绘出绿色的宝池上建有七座华丽的平台，台上楼阁高耸，平台的地面铺满了有花纹的地砖，并有金银装饰。这是表现阿弥陀世界里七宝铺地的景象。阿弥陀佛居中央，结跏趺坐，双手作说法印，神态庄严慈祥。观世音、大势至两菩萨分立两侧，其他听法菩萨或坐或立，有的合掌捧花，有的低头思考。

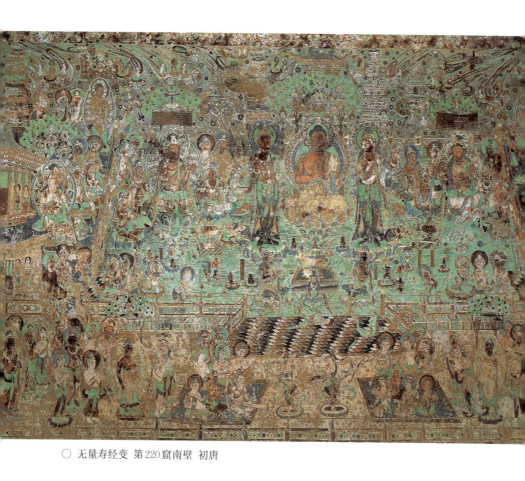

○ 无量寿经变 第220窟南壁 初唐

○ 阿弥陀经变 第329窟南壁 初唐

她们头梳云鬟髻，戴宝冠，斜披天衣，腰束锦裙，璎珞环饰，姿态
婀娜。画面的上端，流云飘动，飞天穿行，天乐不鼓自鸣。图下端
中部画一组舞乐，舞蹈者面向佛陀，身体呈S形弯曲，左手平伸，右
手上举，舞姿奔放有力，左右各有三身伎乐，分别演奏着琵琶、箜
篌、竖笛。她们的手随着音乐的旋律，边舞边奏，动感强烈。宝池
中还有人头鸟身的迦陵频伽，仿佛也正随着优美的乐曲载歌载舞。
图下部的两侧各绘有一组供养菩萨，其中西侧的四身菩萨动态极为
优美：左起第一身菩萨正侧身款款而行，手捧香炉，神态虔诚；第
二身菩萨一手持花于胸前，正举步欲行；第三身上半身微侧，似在
招呼身后的那一位，体态优美，颇有动感；最后一位面向观众，头

微侧向身后的佛，好像仍沉浸在佛的教诲中。这组菩萨颜色已变，形象也有些模糊了，若仔细观察，仍能感受到唐代人物画的神韵和风采。

唐代以后，观无量寿经变急剧地流行开来。它与无量寿经变和阿弥陀经变的区别在于：除了在中央部分画出与前两者类似的净土世界以外，往往在画面的两侧以条幅的形式画出《观无量寿经》的"序品"和"十六观想"的内容。"序品"叙述的是一个因果报应故事：王舍城的国王频婆娑罗年老无子，盼子心切，便请相师算命。相师告诉他，山中有一道人，死后当来投胎。国王心中急切，使人断绝道人粮道，使道人饿死。可是仍未见有子。国王诘问相师，相师说：道士投生的时候未到，已化为白兔。国王又派人到树林中围捕所有的白兔，用铁钉钉死。不久，王后果然有孕，生下一子名阿阇世，国王和王后对儿子极度宠爱。阿阇世长大后，一日出游回城，忽然心生恶念，把国王抓起来，关入监牢，不给饮食，自己登上了王位。王后韦提希夫人十分想念国王，而阿阇世不许给国王送食物，王后就把蜜面涂在身上去看国王，然后从身上取下蜜面给国王充饥。阿阇世知道后大怒，要杀王后。经两位老臣苦苦相谏，方才作罢。最终他把王后也囚禁起来，用铁钉钉死了国王。这个故事也叫"未生怨"。经中还说，韦提希夫人无限悲痛之时，便终日念佛，以求解脱。于是，佛从天降，向王后讲明了过去现在的因缘，使她明白了世间的生死报应。王后别无他想，一心向往佛境，并请佛指点修行的途径，佛就给她讲了达到佛教境界的"十六观"。这"十六观"包括：日想观、水想观、地想观、宝树观、八功德水观、总想观、真身观、观音菩萨观、大势至菩萨观、宝楼观、华座观、普想观、杂想观、上辈身想观、中辈身想观、下辈身想观。对这"十六观"的解释也是《观无量寿经》的主要内容，其中发展了三辈往生的思想，从而形成了"九品往生"的思想，即进入西方净土世界有九种不同的级别，分别为上品上生、上品中生、上品下生、中品上生、中品中生、中品下生、下品上生、下品中生、下品下生。《观无量寿经》讲解了比《阿弥陀经》和《无量寿经》更为细致而具体的修行途径，唐代以后更为流行。

第172窟是莫高窟盛唐代表窟之一，南北两壁的观无量寿经变是此窟的主要内容。由于画家的高超技艺，相同的内容在同一洞窟不仅不显得重复，而且令人感到丰富多彩、目不暇接。这两铺观无量寿经变都采用三联式构图，即中间大部分空间表现西方极乐世界，两边以条幅的形式分别画出"十六观"和"未生怨"的故事。北壁的经变画以佛为中心，听法菩萨似众星捧月，围绕成弧形。这些菩萨个个体态优美，面含笑意，有的身体前倾，双手捧香炉供养；有的合掌低头，静思默想；有的抚掌微笑，若有所悟；有的仰首注视，全神贯注；有的正襟危坐，充满敬意；有的抱膝冥想，若探求佛理。这些不同的动感构成了变化而和谐的整体旋律，使这幅经变画宏大而不单调，丰富而不繁乱。在经变的下部还描绘了乐舞场面。乐舞是为了娱佛的，所以也被称作供养乐伎。北壁经变中有两组乐伎共十六人演奏乐器，中间舞伎二人正挥袖起舞，那急速、有力的舞姿

○ 观无量寿经变 第172窟南壁 盛唐

使我们感觉到一种强烈而欢快的音乐节奏。南壁与此有所不同，虽然左右两侧也分别有八人的乐队在演奏，但中间两个舞者却是一人挎腰鼓，一人反弹琵琶。从乐队的乐器来看，打击乐和吹奏乐居多，连舞伎也拍打腰鼓而舞，其节奏感应该是很强的，旋律也一定是雄壮铿锵的。反弹琵琶舞在唐代壁画中经常出现，大约是当时流行的精彩舞蹈绝技，而今它也已成为人们追寻唐代舞蹈风采的最耀眼的标志了。这两组乐舞图向我们展示了1000多年前唐代音乐舞蹈辉煌壮观的场景。

在净土图的两侧以条幅的形式画出"未生怨"和"十六观"的内容。"未生怨"由下而上分别描绘了阿阇世捕拿国王，将国王监禁；王后探望国王；阿阇世得知王后给国王送食物；阿阇世欲弑母后，两大臣谏阻；国王与王后礼佛，佛从天而降为他们说法。这样按顺序表现的连环画形式来自北朝时期的传统，但在画面与画面之间有着更为明确的分界线，与今天的连环画一致。与"未生怨"相对的另一面，也是通过一个一个的画面表现"十六观"的内容。

第172窟这种以中央净土图为主、两侧又辅以条幅的形式，在盛唐以后便成为观无量寿经变的主要形式。如第320、103、148等窟都有着同样的表现。第171窟也是以观无量寿经变为主题的洞窟，在南、北、东三壁都画出了通壁的观无量寿经变，同样是三联式的构成；但"未生怨"故事的表现较为特别，采用格子形式，每个格子画一个情节，连起来表现一个完整的故事。如北壁经变，东侧表现"未生怨"故事，共画出了横四格纵八格的网格，由上而下详尽地表现故事的具体情节，是唐代连环故事画代表作之一，在中国绘画史上有着独特的地位。

药师经变也称东方药师净土变，同属于净土经变。它是根据《药师如来本愿经》等经典绘成，也是敦煌壁画中十分常见的经变画，现存97铺。佛教认为药师佛能治病救人，凡"无救、无归、无医、无药、无亲、无家"之人，只要供养药师佛，就可以得救，药

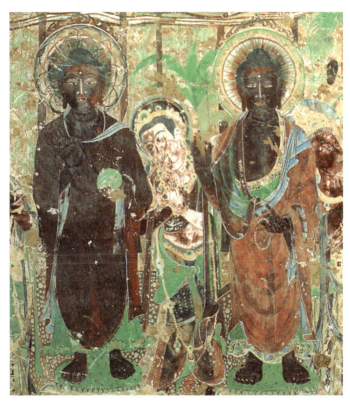

○ 药师佛（两侧）第220窟 盛唐

师佛成了苦难的人民心目中的救星，药师崇拜也就盛行起来。药师经还渲染了人世间的很多种意想不到的灾难，称作"九横死"。横死指死于非命，如生病求医得到并不对症的药而误死，受冤枉被王法处死，酒色无度而死，受火灾而死，受水灾而死，被猛兽咬死，坠落山崖而死，饥饿而死，因毒药等致死。在壁画中还绘出了药师佛曾发下的"十二大愿"，主要内容就是药师佛未成佛之前发愿，如果成佛将如何拯救人民于水火之中等。

唐代洞窟中往往把西方净土变与药师经变相对画出。如初唐第220窟在南壁画西方净土变，在北壁就画药师经变。这样，西方阿弥陀佛、东方药师佛就与正龛塑释迦牟尼佛组成了"横三世佛"。

大多数药师经变的构图与观无量寿经变一致，中央画净土世界，两侧以条幅的形式画出"九横死""十二大愿"内容。如盛唐第148窟东壁门北侧，画出巨幅药师经变，中央是东方药师净土世界，同样通过华丽无比的楼阁来表现。与这些高楼相接的是建于净水池中的平台，在这些平台上，都有歌舞作乐的伎乐天。她们弹奏着各种乐器，虽然表现的是天乐，但却展示了宏大的唐代音乐文化。这铺经变的乐舞人数达33人，中央两个人对舞，两侧各有两组乐队，演奏着箜篌、琵琶、横笛、拍板等乐器。这样庞大的乐队，可以称得上是最早的交响乐队了。从这些乐队的规模及乐器配置等方面，可以看出唐代中国音乐的发达状况。而净土世界中复杂的殿宇、楼阁则展示了唐代建筑的完美结构。中央大殿前面是大平台，这一平台向前延伸，又与画面最前部的一组平台相连。这一组平台为三联式，中央为凹字形平台，两侧各有一方形平台，平台之间各有虹桥相连。中央大殿的后面有长廊，通向两旁的侧殿。而长廊后面可见两层殿宇，其两侧也各有两层楼阁。在左右两个角建有圆形亭。这些复杂的建筑令人想起唐代宫殿建筑的雄伟气象，反映了中国古代建筑艺术的辉煌成就。

中晚唐以后，药师经变在敦煌更为流行，在社会动荡不安的时代，人们希望得到药师的保佑，避免那些意想不到的灾难。晚唐五代以后，药师经变的构图形式有一点改变，就是往往把画于两侧的"九横死""十二大愿"的内容画在下部的屏风式画面中，而中心的东方净土世界图则没有大的变化。

《法华经》是《妙法莲华经》的简称，是佛教传入中国后最流行的经典之一。它在南北朝时期有多种译本，其中鸠摩罗什翻译的《妙法莲华经》最受欢迎，敦煌壁画中也大多依据《妙法莲华经》绘制经变。《法华经》强调大乘是佛教的唯一法门，强调众生通过自己的觉悟而获得佛性，并指出了许多方便法门，任何人只要护持、诵读、书写《法华经》，就可能成佛。《法华经》中还塑造了一个大慈大悲、救苦救难的观世音菩萨的形象，人们在危难之时，只要口念观音菩萨名号，即可得救。长期以来，观音菩萨在中国深入人心，可以说是家喻户晓，《法华经》也因此得到最为广泛的传播。

敦煌北魏石窟中就已出现了《法华经》的内容。如第259窟龛内就塑出释迦、多宝二佛并坐的形象，同样的形象在西魏第285窟北壁、北周第428窟西壁也以壁画的形式表现出来。经典中说：佛在为

○ 药师经变
第148窟东壁
盛唐

○ 释迦和多宝 第285窟北壁 西魏

弟子们宣讲《法华经》之时，突然地上冒出一座宝塔，弟子们十分不解。佛告诉大家：在若干年前，有一位叫多宝的佛曾预言：我灭度以后，于十方国土中有说《法华经》处，我将涌现其前作证明。此塔当是多宝塔。佛正说着，宝塔便开了，里面的多宝佛让出一座，请释迦入内，于是二佛并坐为大众说法。

　　隋代以后，壁画中描绘了很多《法华经》中的内容，如第420窟

○ 观世音菩萨普门品 第420窟 隋代

的顶部描绘出了《法华经》的"序品""方便品""见宝塔品""化城喻品"和"观世音菩萨普门品"等内容，是法华经变的早期形式。隋代第303窟顶部还单独描绘了"观世音菩萨普门品"的内容。到了唐代，法华经变的艺术形式才臻于完善，其代表性的作品是绘于盛唐第23窟南壁的法华经变。

盛唐第23窟，有人把这个洞窟称作法华窟。该窟西壁开龛，除了顶部北披和西披以外，南、北、东三壁及顶南披和东披画的都是法华经变的内容，详尽地描绘了《法华经》的"药草喻品""方便品""信解品""见宝塔品"等13项内容。特别是北壁中央主要绘"灵鹫会"，南壁中央绘"虚空会"，以这样的空间形式来图解《法华经》的义理，表明了洞窟壁画有着完整的设计思想。另外不少细节描绘也十分生动而有趣，如北壁的"药草喻品"，描绘了一幅雨中耕作的图景。画面上部乌云密布，暴雨倾盆，一个农夫正在冒雨辛勤地耕作；另一个农夫挑着东西冒雨疾行。画面下部，表现的是在地头休息的农家三口人，右侧是父子俩正在吃饭，给他们送来午饭的农妇坐在左侧和父子俩聊天，一幅恬静的田园生活画。

《法华经·观世音菩萨普门品》往往被信徒们单独诵读，简称《观音经》。隋代的壁画中已出现了观音经变，唐代第23窟和第217窟都以单独的壁面来描绘观音普门品的内容。第45窟南壁则整壁绘制了观音经变，中央画观音菩萨立像，两侧上部画观音菩萨现身说法，下部画观音救苦救难的情节。观音信仰主要是源于观音能在人们受难之时前来救助。经中说：在大海中航行，若遇到大风浪，且有各种魔怪缠绕时，只要口念观音名号，就可得到解脱。依据这一内容，在壁画的右侧画出大海中的一条大帆船，船周围水中有很多凶猛的怪物向船攻击，船上的人们心惊胆战，有两人跪在船上，大家都双手合十。这一画面虽是图解经文，但也反映了当时海上航行的某些历史场面。在壁画的右侧还描绘了一群商人牵着毛驴，带着很多行李在山中行进，突然从山后出来几个手执武器的强盗，商人

○ 药草喻品 第23窟 盛唐

○ 胡商遇盗图 第45窟 盛唐

○ 法华经变 第23窟 盛唐

们诚惶诚恐，战战兢兢，前面的商人已把行李放在地上。这是表现《观音经》所说：若有商人遇到强盗，性命财产不保，只要口念观音菩萨名号，自然得到解脱。画中强盗的骄横凶狠，商人们害怕求饶的表情描绘得栩栩如生。在胡商遇盗图的上部，还画出一个窈窕美丽的少女，旁边有一男士正拱着手跟她说话。这是表现经中所说的"离淫欲"的内容。本来，佛经中说：若有人被淫欲困扰，不能解脱，只要口念观音菩萨名号，即得解脱。而壁画上却画出了一位男士向少女求爱的场面。画面的上部表现观音现身说法，有时现天王身，有时现大将军身，有时现女人身，等等，根据情况以不同的身相为人们说法。画家以写实的手法，表现了观音的种种现身，再现了唐代不同身份人物的形象，反映了当时社会的生活风貌。

报恩经变是依据《大方便佛报恩经》而绘的。这部佛经不是从印度传来的，而是中国的僧人为适应中国的国情而编造的佛经，佛教界把这样的经典称作"伪经"。它调和了儒、佛两家的思想，宣扬报恩精神，即所谓"上报佛恩、中报君亲恩、下报众生恩"，其中又以中报君亲恩为重点，这样的思想与儒家的忠孝思想完全一致。《报恩经》中的故事大多是从别的佛经中选取符合报恩思想的内容改编而成。由于《报恩经》主要通过故事来说理，易为大众所接受，所以在唐代以后，《报恩经》十分流行，据经典所绘的报恩经变自然也流行了起来。晚唐五代更为盛行。

报恩经变中的很多故事，其实在北朝时期就已出现了，但同样的故事却是依据别的经典所绘，如"恶友品"就是北朝的善事太子

○ 报恩经变 第112窟北壁 中唐

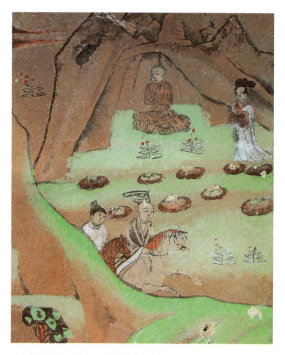

○ 鹿母夫人 第112窟北壁 中唐

入海故事，"孝养品"即须阇提割肉奉亲故事，等等。此外还有一些
新出现的故事，如"论议品"，讲波罗奈国山上住着一仙人，仙人常
于泉边便溺，一雌鹿常于泉边饮水，不久鹿产一女，与人无异，不
能养育，便送至仙人处，仙人将女养大，美丽无比。一日国王入山
游猎，见一美貌女子，每走一步，足下便长出莲花，知为鹿女，便
娶为夫人。不久鹿女怀孕，生下一朵大大的莲花。国王十分失望，
贬夫人为普通宫女，将莲花抛入池中。一日，国王与群臣在池边游
戏，忽见池中莲花发出灿烂的光芒，便派人察看，原来莲花中有五

○ 金毛狮子坚誓 第85窟 晚唐

百孩儿。国王知为鹿母所生，便向鹿母悔过，重新封其为第一夫人。五百孩儿长大后，力敌千人，邻国有侵扰，自往讨伐，每战必胜。从此四境安宁，国家昌盛。

"亲近品"讲的是金毛狮子坚誓的故事。波罗奈国仙圣山中有一狮子名叫坚誓，毛呈金色，美丽无比，英姿威武。它经常接近沙门，听僧人们诵讲佛经。有一猎师对金毛狮子早已垂涎三尺，他想射死狮子，把皮毛献给国王，以获重赏，可是又害怕狮子勇猛，难以下手。于是他伪装成一个虔诚的信徒，吸引狮子亲近，最后用毒箭射死

223

了狮子。狮子深受佛教熏陶，中箭未死之时，并不对猎师进行报复。猎师剥了狮子的皮献给国王，当国王得知狮子皮的来历后，十分痛心，即处死猎师，用香火焚化了狮子的遗骸，收取舍利，建塔供养。

除了报恩经变外，壁画中还有金光明经变、华严经变、金刚经变、楞伽经变等经变画。由于佛经内容较为抽象，于是壁画大多表现佛说法的场面，其中穿插一些图解佛经的情节，颇有生活气息。如楞伽经变中画出了屠夫卖肉、工人制作陶器的场面等，使我们对古代社会增加了许多感性认识。

敦煌壁画中的经变画总计有30多种，其中包括依据大乘佛经及密教经典所绘的经变画。现存的遗迹中，像敦煌壁画这样数量庞大、艺术精湛的经变画是任何地方都无法比拟的，可以说是经变画的宝库。以上几种是其中最流行的，也是在艺术上较有特色的。经变画不仅丰富了佛教艺术的内容，而且由于表现的领域很广，从不同的方面反映了当时的社会生活，为我们提供了生动的历史画面，其意义远远超出了佛教思想的范畴。

装饰的艺术

广义地说，石窟艺术本身就是一种装饰艺术，体现了艺术家的装饰意图和匠心。尽管内容上基本都以佛教为主题，但怎样组合、排列这些题材，如何构图上色，让这些幽暗的佛教石窟散发出迷人

○ 人字披图案
　第254窟
　北魏

　　的光彩，画家们在装饰上花费了很多心血。这些艺术上的构思，我们在前面各章对石窟建筑、彩塑以及壁画的各项内容介绍中大多已经涉及了，本节主要谈一谈洞窟壁画中的图案画。

　　石窟中最引人注目的就是装饰于洞窟顶部的图案。北朝时期中心柱窟流行，洞窟前部顶为人字披，后部为平顶。为了体现出这种木构建筑的特点，前顶往往在人字披两披各浮塑出一些椽子装饰，在人字披主梁的两头还作出斗拱的形式。在椽子之间通常绘出莲花与忍冬纹组成的图案，有时也画出菩萨或佛像与莲花、忍冬纹组合成的图案。如有的人字披图案下部表现一个从莲花中诞生的化生，旁边有一根弯曲成S形的莲茎向上伸展，连接起上部的三朵莲花，弯曲而长的莲茎与盛开的莲花有一种动感，使画面充满活力；也有的人字披图案大体与前者一致，但下部画出的是站着的菩萨，更显得生动；还有的人字披则画出有很多繁盛花瓣的莲花，还把孔雀、鹦鹉等禽鸟也组合到图案中来，使图案更为华丽而丰富。

中心柱后部的平顶通常是以方形连续纹组成，称为平棋。平棋图案一般为正方形数重交错叠涩，层次较为丰富，平棋的中心是一朵大莲花，在四角处画莲花或火焰纹。西魏以后，在平棋四角画飞天的情况较多。

以忍冬纹、莲花纹为主的图案，形成了北朝装饰画的主旋律。但在西魏、北周时期，图案中通常加入禽鸟、野兽的图案，如北周第428窟顶部图案中不仅画出鹦鹉、孔雀，还把虎、鹿、猿等动物形象都画出来，并与周围的忍冬纹、莲花纹、几何纹等有机地组合起

○ 人字披中央图案 第427窟 隋代

○ 窟顶艺术 第428窟 北周

来，体现出自由奔放的气质。

隋代第427窟人字披顶部，画家不厌其烦地绘出一道精致的图案：在深绿的底色上，缠枝莲茎和忍冬纹按波浪形延续，构成一个个环形空间，其中画出盛开的莲花以及坐在莲花上的化生童子。这些化生童子显然象征着往生极乐净土的途径。图中的童子坐在莲花上，有的怀抱琵琶，有的吹奏竖笛，一副无忧无虑、愉快欢歌的神态。这条长长的装饰带随着起伏的莲茎，充满了动感。

在殿堂窟中，顶部中心是藻井，这里是全窟装饰的重点。北朝的洞窟如西魏第249、285窟的藻井大体与平棋图案一致，以莲花纹为主；第285窟在藻井四周增加了两层垂幔纹，并在四角画出长长的流苏，使藻井具有华盖的意义。隋代以后洞窟越来越重视藻井装饰，创造出很多美丽的藻井图案。如第407窟的三兔藻井图案，它的中心是一朵八瓣莲花，花瓣重叠，显得厚重。花心是一个绿色的圆圈，圆中画出三只奔跑的兔子，这三只兔子共有三只耳朵，可是不论你看哪一只兔子都有两只耳朵。这就是有名的三兔造型。在大莲花四周的蓝色底色上又有八身飞天环绕莲花飞行，这些飞天手托鲜花，兴高采烈地行进，长长的飘带伴随着流云，鲜花充满了空中，具有热烈的气氛。飞天旋转飞行，与中央奔跑的兔子相呼应，充满了生机勃勃的情调。三兔藻井图案在隋代还有不少，但并不雷同，如第420窟的藻井，中心也绘三兔，藻井向外有三重叠涩，四边形成的岔角里画飞天。

唐代以后，洞窟形制以殿堂窟为主，藻井的装饰也越来越华美。

○ 藻井图案 第407窟 隋代

初唐第329窟的藻井，井心用14个卷曲莲瓣和14朵卷云纹环绕莲心绘成一朵大莲花，花心以白色的弧线画成波状旋转形，如莲花正在旋转的色轮上放光。正如《华严经》中说："莲花妙宝为璎珞，处处庄严净无垢，香水澄淳具众色，宝华旋布放光明……"在方井的四角与中心相对应处，又各画出莲花的一角，莲花的外缘具有石榴纹样，这些巧妙的组合使造型简单的莲花变得无比华丽丰富；中心莲花的周围，在深蓝色的底色中，画出四身衣袂飘飘、手持鲜花的飞天，他们在蓝天中轻飞曼舞，身边浮云流动；井心以外是卷草纹、联珠纹、垂角纹帷幔等。在藻井外缘的帷幔外侧，又画出12身飞天，在五彩云的衬托下，他们演奏着琵琶、筚篥、腰鼓等乐器，朝着一个方向连续不断地飞去，华丽无比的图案以及活泼多姿的动态给人以无限遐想。这个藻井生动绚丽，变化丰富，不愧为唐代装饰画的杰作。

唐代装饰图案把莲花、牡丹、石榴等各种花纹的图案组合在一起，在色彩、花纹构成等方面争奇斗艳，美轮美奂。初唐第322窟的藻井，井心由葡萄蔓网纹构成，四边又以团花、菱格、矩形纹等组成边饰，外层画成帐幔的形式；四周又画出十几身飞天各弹奏着乐器，在蓝天白云中轻快地飞翔，色调明净而绚丽。第209窟的藻井在中央以四个石榴对称排列，八串葡萄交错组织，通过藤蔓连接起来；四周分别为连珠纹、鱼鳞纹、矩形纹等，最外层为垂幔；色彩简淡而典雅。盛唐第320窟的藻井，中央为团花纹，这种结构复杂的团花纹，可以看出莲花、牡丹等花瓣的特征，但它又不像某一种花，在

○ 藻井图案 第329窟 初唐

○ 藻井图案 第209窟 初唐

○ 藻井图案 第 320 窟 盛唐

中央方井以外，有着层次丰富的边饰，菱形纹、团花纹、鱼鳞纹、垂角纹及流苏的纹饰无不描绘细腻，色彩丰富；全图以大红为主色调，以不同色度的青、绿、黄、白等色描画纹样，显得强烈、厚重而又华贵，体现出唐人的审美气质。

五代以后，除了唐代以来的团花图案以外，中国传统的龙凤图案开始流行起来。画面色调倾向清淡，以绿色为主，常常辅以描金，表现出华丽的效果，并开始采用沥粉堆金的新手法，表现出类似浅浮雕的效果。西夏以后，沥粉堆金的手法进一步在图案中推广，特别是藻井中，表现龙凤图案时，大量采用堆金的方法，体现出高贵的气质。

五代第146窟的藻井，方井以土红为底色，中央以青绿色画出团花，花心在绿底色上画一条龙；在团花的四面各画一对鹦鹉，四角又饰以半团花；方井周围分别画方胜纹、卷草纹等，色彩别致，风格清新。西夏时期以龙凤形象为主的装饰图案更为盛行，绿色调成为这一时期的基调。第16窟藻井中心也是以红色为底色，在团花的花心，画出一只凤凰，在花的四周则画出四条龙；龙凤图案都以沥粉堆金的方法画出，有一种浮雕的效果；四周的边饰也以同样的方法画出卷草纹，显得层次丰富，形象华美。第130窟的顶部藻井也是西夏时期所绘，中心是一条团龙，四周画出四条小龙；龙的形象也是以沥粉堆金的方法画出，周围配合团花纹及彩云图案，造成华丽庄严的效果。

○ 藻井图案 第146窟 五代

敦煌莫高窟大事年表

前111年　　西汉设敦煌郡，与酒泉、张掖、武威合称"河西四郡"。

366年　　　莫高窟始建。

400年　　　李暠以敦煌为首都，建立西凉政权。

421年　　　北凉占领敦煌。

439—442年　北魏灭北凉，进而消灭其在敦煌的残余势力，敦煌进
　　　　　　入北魏时代。

534—535年　北魏分裂为东魏和西魏，敦煌归入西魏。

538—539年　莫高窟第285窟建成，本窟北壁和东壁保存大统四年
　　　　　　(538年)、五年（539年）的题记，是莫高窟最早有明
　　　　　　确纪年的洞窟。

557年　　　宇文氏取代西魏，建立北周，敦煌进入北周时代。

574年　　　北周武帝废佛，影响及于敦煌。

581年　　　隋灭北周，敦煌入隋代，改称瓜州。

584年　　　莫高窟第302窟有"开皇四年"题记。

618年　　　唐朝建立，敦煌进入唐代。唐朝改瓜州为西沙州，后
　　　　　　改为沙州，分常乐县置瓜州。

629年　　　玄奘从长安出发，西行至瓜州，停月余，经敦煌的玉
　　　　　　门关西行。

642年	莫高窟第220窟建成。
644年	玄奘从印度取经像回国，经沙州，太宗令敦煌官民于流沙迎接。
695年	莫高窟第96窟（北大像）建成。
721年	莫高窟第130窟（南大像）建成。
776年	莫高窟第148窟建成，本窟有《大唐陇西李府君修功德碑》，记载了莫高窟兴建的历史。
781年	吐蕃围困沙州，沙州军民抗战11年终于粮械皆竭，以"毋徙他境"为条件而降。此后敦煌进入吐蕃统治时期。
839年	莫高窟第231窟建成。
848年	沙州人张议潮率众起义，收复沙州、瓜州。
851年	张议潮收复河西等地，遣使奉瓜、沙、伊、西、甘、肃、兰、鄯、河、岷、廓十一州图籍入朝，唐于敦煌设归义军，以张议潮为节度使兼河西十一州观察使。
862年	河西都僧统翟法荣主持开凿第85窟。
865年	莫高窟第156窟建成，本窟为张氏功德窟，内有张议潮出行图壁画。
906年	张承奉自立为白衣天子，建立西汉金山国。
914年	张承奉卒，西汉金山国亡。曹议金摄沙州政事。
924年	第98窟建成，本窟也称"大王窟"，是曹家的功德窟，内有曹议金家族供养像及与曹氏有姻亲关系的于阗国王像。

935年　　　曹议金卒，子元德嗣位。

945年　　　曹议金子元忠任归义军节度使。

1036年　　党项元昊率军攻陷瓜、沙、肃三州，敦煌进入西夏时代。

1038年　　西夏元昊称帝，国号大夏。

1227年　　蒙古破沙州，敦煌进入蒙古元时代。

1348年　　西宁王速来蛮于莫高窟立六字真言碑。

1900年　　莫高窟藏经洞被发现。

1944年　　敦煌艺术研究所成立。

1950年　　敦煌艺术研究所改名为敦煌文物研究所。

1961年　　敦煌莫高窟、安西榆林窟同时被列入第一批全国重点
　　　　　文物保护单位。

1984年　　敦煌文物研究所扩建为敦煌研究院。

1987年　　敦煌莫高窟被联合国教科文组织列入《世界遗产名录》。

主要参考文献

◎ 松本荣一：《敦煌画の研究（图像编）》，东方文化学院东京研究所（日本），1937年版

◎ 姜亮夫：《敦煌——伟大的文化宝藏》，上海古典文学出版社，1956年12月版

◎ 潘絜兹：《敦煌莫高窟艺术》，上海人民出版社，1957年2月版

◎ 神田喜一郎：《敦煌学五十年》，筑摩书房（日本），1970年版

◎ 敦煌文物研究所编：《敦煌研究文集》，甘肃人民出版社，1982年3月版

◎ 敦煌文物研究所编：《中国石窟·敦煌莫高窟》（1—5卷），文物出版社，1982—1987年版

◎ 伯希和：《伯希和敦煌石窟笔记》（耿昇、唐健宾译），甘肃人民出版社，1993年4月版

◎ 段文杰：《段文杰敦煌艺术论文集》，甘肃人民出版社，1994年6月版

◎ 赵声良、张艳梅：《莫高窟》，知识出版社，1995年10月版

◎ 东山健吾：《敦煌三大石窟》，讲谈社（日本），1996年4月版